H.F.Darbek

Wir Ungläubigen Masochisten

Eine politisch nicht verzerrte und persönliche
Betrachtung der Situation von Heute; besonders in
Europa und der EU

Herstellung und Verlag:
Books on Demand GmbH, Norderstedt
ISBN 978-3-8370-2983-3

VORWORT

Was ist los mit uns ?
Was läuft falsch in der Welt ?
Wie viel lassen wir noch zu und warum tun wir
uns das an bzw. lassen dies alles mit uns geschehen?
Sind wir nur zu bequem, oder zu ängstlich; es
könnte vielleicht noch schlimmer kommen!?
Oder ist unser Desinteresse an allem schon so
groß und ausgeprägt, dass uns nichts mehr berüh-
ren kann.
Auch nicht, wenn es uns schon persönlich betrifft?

Man kann mit Bestimmtheit sagen, dass schon seit
ewigen Zeiten auf unserer guten Erde einiges bis
viel schief läuft.
Das Schnelllebige der letzten Jahrzehnte und die
Möglichkeiten, die das Jetzt bietet, machen Probleme aber zu einer wahrscheinlich größeren Gefahr als früher.

Warum, versucht das Nachstehende etwas zu
ergründen – und zu erklären!?
Es ist eine subjektive Betrachtung der Dinge in
dem Bemühen objektiv zu sein.

Vorweg möchte ich klarstellen, dass hier keine Religion, eine ethnische Gruppierung oder bestimmte Rassen angegriffen werden; allerdings werden Personen eventuell dieser Gruppen durchaus kritisch betrachtet.

1. Kapitel

Wir leben unbestreitbar in einer Zeit, die vielen
von uns das Leben – trotz allen Fortschritts und
Annehmlichkeiten der in vielen Ländern vorhandenen sozialen Netze – nicht angenehmer oder gar
ruhiger gemacht hat.
In Europa sind wir zwar zum Glück seit Jahren
von Kriegen verschont geblieben, aber im „kleinen" spielt sich doch einiges nicht erfreuliches
oder beruhigendes ab.
Auch wir sind hier nicht mehr von Terroranschlä-
gen verschont.
Nicht so schlimm zum Glück, wie in anderen Ländern auf unserem Globus; aber immerhin.
Und da kommen wir eigentlich zum Titel.
Offenbar sind wir Masochisten.
Für diejenigen, die mit diesem Begriff nichts an-
fangen können: Masochisten sind Menschen, denen es Spaß und Freude macht, Schmerzen zu
empfangen oder zu akzeptieren, ob physischer,
oder psychischer Art – wie Demütigungen; oft
fordern sie dieses geradezu.

Aber vielleicht ist es auch eine Abart von Märty-
rertum, welches wir hier betreiben.
In jedem Fall ist unser Verhalten bedenklich und
wäre grundsätzlich wert, von einem Psychoanaly-
tiker unter die Lupe genommen zu werden.

2. Kapitel

Eigentlich ist es egal, wo beginnen.

Vor Jahren war für viele Menschen Nationalismus und Rechtsextremität eine latente Gefahr.

Heute muss man umdenken und sagen: es gibt nicht mehr viele Rechtsextreme, aber wenn es sie gibt, liefert die ausgeübte Politik und die Argumentation und Aktivitäten diverser Gruppierungen Reichlich Nährboden für solches.

Wir leben heute in Demokratien. Zumindest in Europa, die meisten von uns.

Es haben sich aber schon vor längerer Zeit Gruppen gebildet, die sich autonom bezeichnen.
Was nichts anderes bedeutet, als, dass sich diese Personen eigentlich nicht unter die Auflagen eines Rechtsstaates stellen wollen.
Demokratie ist für diese Leute nur das, was sie selbst fordern und – auch wenn die Mehrheit der Bevölkerung dagegen ist – durchsetzen wollen.

Wenn eine Mehrheit eine bestimmte Partei gewählt hat, oder es schließen sich mehrere zu einer Regierung zusammen, so ist das Demokratie.
Nicht aber, wenn es den Interessen dieser Leute widerspricht.

Sie sind zwar nicht so Viele, haben aber eine starke Lobby.

Immer wenn ihnen etwas nicht passt, wird darauf
los gebrüllt. Alle Anderen sind dann zumindest
Idioten, meistens alte Nazis, die zu blöd sind, das
Notwendige zu erkennen.
Auch wenn es nur – wie schon erwähnt – ihrer
kleinen Gruppe Wünsche und Anschauungen sind.
Diese – lange Jahre als Autonome bezeichnete –
aber in Wirklichkeit radikalen Gruppierungen
(eben linksradikal), haben keine Hemmungen, bei
ihren demokratischen Kundgebungen bzw. Demonstrationen, Gewalt einzusetzen.
Eines der jüngsten Beispiele dafür, war wohl in
der sonst eher ruhigen Schweiz.
Die größte demokratisch gewählte Partei des Landes wurde bei einer Kundgebung durch linke
Rowdys gestört; und das empfindlich.
Verwunderung und Entsetzen.
Wie kann so etwas passieren? Das sollte und darf
doch nicht möglich sein.

Es sollte nicht. Stimmt.
Ist aber.

Jahre lang war es schick – und ist es auch großteils heute noch – links zu sein.
Vielleicht, weil das die größeren Schreier waren.

Ich habe noch nie erlebt, dass wegen jedem Schwachsinn eine Demonstration angezettelt wurde, wenn einer konservativen Partei etwas gegen den Strich ging.
Aber abgesehen davon, dass diese Menschen vermutlich eine mehr besonnene und nüchternere Einstellung zu vielen Dingen haben, ist hier ja auch die Gefahr, sofort ins rechte Eck gestellt zu werden.

Meine Kritik richtet sich hier allerdings nicht nur an linke Randgruppen; sondern auch – und vielleicht auch im Besonderen – an die grünen „Gutmenschen“.
Die haben für alles die richtige Lösung und natürlich – absolut demokratisch – auch die einzig akzeptable.

Es wird sich zeigen, welche Formen das annimmt bzw. schon angenommen hat.

3. Kapitel

Egal wie undemokratisch, für regierende Politiker beleidigend, und weitgehend unrealistisch ihre Ansichten und Forderungen sind; sie wollen sie unbedingt durchsetzen.

Das beinhaltet sehr viele Aspekte des täglichen Lebens.
Alles Soziale.
Wobei hier Forderungen gestellt werden, die schlichtweg nicht umsetzbar und finanzierbar sind.
Das geht weiter über die Ausländerfrage.
Alles sollte integriert und mit Staatsbürgerschaft versehen werden; ob illegal hier, straffällig, nicht integrierwillig, usw.

Welche Probleme solche Sachen mit sich bringen, sieht man wohl in vielen europäischen Ländern.

Seitdem die Grenzen nach Osten offen sind (allerdings auch schon durch die Lockerung davor), haben wir einen Boom von Kriminalität, außerdem von teilweise nicht gekannter Brutalität.

Ich möchte hier betonen, dass es natürlich tatsächlich Verfolgte gibt, die u.a. nach Österreich flüchteten, um in ihrer Heimat einem gefährlichem Schicksal zu entgehen.

Die meisten die kommen, sind aber schlicht und einfach Wirtschaftsflüchtlinge.
Sie erwarten sich hier – im goldenen Westen – ein schönes und angenehmes Leben; viele auch mit der Vorstellung und dem Wunsch, nichts dafür tun zu müssen, außer da zu sein und zu fordern.
Unterstützt von diversen Organisationen bis über Anwälte, die durch die ihnen gegebene Möglichkeit, immer wieder gegen eine Abschiebung (bzw. den Bescheiden dafür) Einspruch erheben können und sich natürlich auch dadurch einen relativen sicheren Lohn erwarten können.

Dass dies alles keine Lösung ist sieht man überall.
Erinnern wir uns an Frankreich.
Wo über lange Zeit hinweg immer wieder Unruhen stattfanden und dabei ohne Bedenken das Privateigentum von vielen schon lange dort lebenden Menschen zerstört wurde.

Jedem Anderen wäre in einem solchen Fall eine Anklage sicher gewesen, aber bitte nicht diesen armen Menschen, die keine Perspektiven haben.
Sie wollen und müssen doch auf ihre Situation und Probleme aufmerksam machen.
Eine friedliche Demo kommt natürlich nicht in Frage.
Ist ja auch bei weitem nicht so lustig, als wenn man ungestraft zerstören und brandschatzen kann.

Immer wieder gibt es Leute, die solches mit Verständnis betrachten.
Bis sie selbst in eine Situation kommen, die gefährlich ist oder in der sie ihren Besitz verlieren.
Dann ist die Polizei schuld, die unfähig wartet, bis alles vorbei ist.

Wobei wir bei einem eigenen Kapitel sind.
Die Polizei ist heute in einer Situation und Lage, die es ihr schlichtweg unmöglich macht, so zu arbeiten, wie es nötig wäre, um die unschuldigen und unbescholtenen Bürger zu schützen.

Unzählige Beispiele zeugen von der Unmöglichkeit und in Folge natürlich auch einer Angst und Unlust der Exekutive, Recht durchzusetzen.

In Österreich ist es z.B. so, dass ein Großteil der hier um Asyl ansuchenden Schwarzafrikaner sich die Zeit mit Dealen vertreibt.
Was sollen sie auch sonst tun.
Sie bekommen zwar ausreichend Geld – so sie nicht komplett illegal hier sind – aber davon kann man sich natürlich nicht immer die neuesten Handys und Designer-Klamotten kaufen.
Und für div. Andere muss bitte auch noch Geld zur Verfügung stehen.

Wenn aber diese Typen – auch auf frischer Tat –
gefasst werden, sind sie in der Regel nach einigen
Stunden schon wieder auf freiem Fuß.
Da kommt Freude auf.
Bei der Bevölkerung und natürlich auch bei der
Exekutive, die ihren Arsch riskiert – und das für
teilweise nicht viel an Entlohnung – für nichts.
Wird einmal Einer etwas härter angefasst – und
sei es auch, weil der Typ randaliert und nicht bändigbar ist, kann die Beamtenschaft schon annehmen, dass irgend jemand den Vorfall gefilmt hat –
man könnte den Eindruck einer provozierten Aktion bekommen; wo wäre sonst immer jemand mit
Kamera dabei – und dann geht's erst richtig los.
Prügelpolizei, Psychopathen, und vieles mehr.

Die Schreier und Ankläger auch hier wieder meistens links-Linke und Grüne = selbsternannte „Gutmenschen".

Egal wie viele Kinder süchtig gemacht werden –
bei Erwachsenen kann man zumindest sagen, sie
seien selber schuld – was alles zerstört wird, wie
viele Überfälle und Einbrüche stattfinden, Betrügereien und andere strafrechtlichen Dinge passieren. Immer wird ihnen alles mögliche zu gute
gehalten.
Nicht so den Opfern.

Wieso haben sie auch ein Haus oder eine Wohnung in das eingebrochen werden kann!? Oder ein Auto, das gestohlen werden kann!?
Ein Geschäft, das durch seine „Schätze" diese armen Teufel regelrecht zum Überfallen animiert. Oder ein zu Junger oder zu Alter, der dem ganzen noch hilfloser ausgeliefert ist, als die anderen Menschen. Ungeachtet der Tatsache, das diese Individuen oft in Gruppen auftreten und agieren. Vermutlich hat man sie dazu animiert, diese armen, bedauernswerten, integrationswilligen Asylanten oder Kriminal-Touristen.

Die Gefängnisse sind überfüllt von Nicht-Österreichern.

Aber, das könnte man ja ändern.
Man könnte jedem, der ins Land kommt, die Staatsbürgerschaft geben. Dann sitzen sie nicht mehr als Ausländer ein.

Ein jüngster Vorstoß in der „richtigen" Richtung: Jeder, der 0,5 Promille Alkohol im Blut hat und sich ans Steuer setzt, sollte mit Gefängnis bestraft werden.
Auch wenn er keinen Unfall verschuldet hat.
Den Platz – in den schon überfüllten Gefängnissen für diese Art Verurteilte, könnte man schaffen, indem man Dealer, Einbrecher, und sonstige Ver-

brecher, gar nicht erst einsperrt, oder aber vorzei-
tig entlässt!
Hört sich nach schlechtem Witz an, ist aber
„ernst“ im Gespräch.

4. Kapitel

Somit wären wir bei einem Kapitel unserer heutigen Zeit, dass sicher für Viele nicht erfreulich und schon nicht mehr akzeptierbar ist.

Das leidige Ausländerproblem.
Ein Problem, das allerdings immer größer wird und gewaltigere Maßstäbe annimmt.

In Österreich hat man schon vielerorts das Gefühl, in der Minderheit zu sein.
D.h. man ist mit der Tatsache konfrontiert, nicht mehr „Herr" im eigenen Land zu sein.
Es ist manchmal schwer zu sagen, ob jemand noch Ausländer ist oder schon – wie in unserem Fall – schon Österreicher.
Optisch kann man natürlich sowieso nichts sagen.
In jedem Fall gehen die meisten Frauen mit Kopftuch und die Sprache gibt auch keinen Aufschluss.

Waren es vor Jahren hauptsächlich Jugoslawen oder dann Exjugoslawen, sind es heute mehr und mehr Türken, die hier Fuß fassen.

Mit allen Auswirkungen ihres größtenteils anderen Glaubens.

Ich darf hier ein kleines, aber wie ich meine, typischen Beispiels bringen, die Integration betreffend.

Ein jetzt etwa 28 jähriger Mann, seit ca. 1 Jahr Österreicher, hat vor etwa 5 Jahren darüber geklagt, dass sein Vater – der zu diesem Zeitpunkt schon 25 Jahre in Österreich war (er selbst übrigens auch) – zu wenig Geld vom Staat bekommt.

Was heißt das?

Er bekäme nur Sozial-Unterstützung, weil er keine Arbeit hätte.

Auf meine Frage, warum das; bekam ich als Antwort, er kann nicht deutsch.

Nach 25 Jahren in Österreich?

Er ist immerhin Türke und möchte deshalb auch nicht deutsch sprechen.

Na großartig.

Nationalstolz. Aber nicht zu stolz, um sich jahrzehntelang vom österreichischen Steuerzahler durchfüttern zu lassen.

Geld zu nehmen für nichts verbietet ihm sein Stolz nicht.

Seinem Sohn hat er auch gesagt, dieser dürfe Freitag nur bis mittags arbeiten, da er dann in die Moschee müsse.

Er bekam die Möglichkeit zu wählen. Jederzeit in die Moschee gehen zu können, oder aber wie alle anderen auch, am Freitag länger zu arbeiten.

Das sind nur einige wenige Beispiele, wie der – in diesem Fall – österreichische Staat ausgenützt und teilweise auch betrogen wird.

Der Vater dieses jungen Mannes ist übrigens jetzt schon mit ca. 58 Jahren in Pension.
Er hatte zwei Hüftoperationen, die einige Zeit dauerten, wobei sofort die Beschwerde kam, weil er Ausländer ist, müsste er warten.
Leider ist es so, dass auch die Ur- bzw. gebürtigen Österreicher auf Operationen warten müssen.
Oft monatelang.

In letzter Zeit wurde in Österreich wegen einer Sache viel Aufhebens gemacht.
Seit Wochen befassen sich die Medien mit dieser Geschichte.
Eine Familie wurde – endlich – nachdem schon einige Male abschlägig betreffs Aufenthaltsge-nehmigung beschieden wurde, (sie kam aus kei-nem unsicheren Land und per „Schlepper" nach Österreich), abgeschoben.
Das heißt, der Vater und zwei Söhne; die Mutter bekam nachdem ihre Tochter untertauchte und drohte, sich umzubringen wenn sie nicht in Öster-reich bleiben dürften, einen Nervenzusammen-bruch.
Vierzehn Tage war die Tochter – ein 15 jähriges Mädchen namens Arigona – verschwunden.

Sicher bei Verwandten oder Bekannten untergetaucht und man kann auch vermuten, mit Hilfe einiger politischer „Gutmenschen".
Es tauchte eine Videobotschaft von ihr auf, in der sie oben genanntes androhte.
Es erfolgte ein Riesengeschrei von linken Gruppierungen und von der grünen Partei, über die Unmenschlichkeit unserer Asylpolitik.
Wie kann man Menschen, die so schon so gut integriert sind, abschieben.
Vater und Mutter sprechen gebrochen bis nicht deutsch.
Vater und zumindest ein Sohn schon in Österreich straffällig geworden.
Das liebe, arme Mäderl dürfte sich als kleine Bandenführerin schon einen Namen gemacht haben.
Nachdem sie glücklich wieder auftauchte; frisch, fröhlich, gab es Pressekonferenzen und jede Menge Medien- und Politrummel.
Fotos und Videos von ihr gingen durch die Medien, ernst oder lächelnd, mit zum Victory-Zeichen erhobenen Fingern.
Alles in allem eines Film- oder Popstars würdig.
Und so fühlte sie sich vermutlich auch.

Angeblich sei die Mehrheit der österreichischen Bevölkerung für ein Verbleiben der Familie hier.

Angeblich.

Tatsächlich dürfte die Meinung der Bevölkerung
aber eher anders gelagert sein.
Man kann nicht akzeptieren, dass eine Regierung
und ein ganzes Land erpresst werden, von einem
Mädchen, das sicher hier bleiben möchte, weil das
Leben hier doch viel angenehmer als zu hause ist.
Außerdem kann man schon davon ausgehen, dass
ein Selbstmord nie durchgeführt worden wäre.
Ich unterstelle, dass das Mädchen diesen Rummel
durchaus genossen hat.
In allen Zeitungen, Radio, Fernsehen; immer das
gleiche: arme, kleine (?), tapfere Arigona.

In diesem Zusammenhang muss man natürlich
schon einiges hinterfragen.
Wann ist eine Familie – gut – integriert.
Wenn die Eltern nicht die Landessprache, in diesem Fall deutsch, sprechen? Natürlich keiner Arbeit nachgehen; was sie allerdings in diesem Sta-
dium auch nicht dürfen. Straffällig sind!?
Sich grundsätzlich schon illegal hier aufhalten.
Das ist gut integriert?

Es kommt zu Spendenaufrufen und dgl.
Asylanten werden hier von Staat versorgt; außerdem bekommen sie ein Taschengeld.
In Summe kommen diese Leute oft auf mehr Zu-
schuss als ein hier geborener Österreicher, der
durch irgendein Ereignis seinen Job verloren hat
und jetzt sozusagen vom Staat leben muss.

Das diese Tatsache keine Begeisterung hervorruft
ist wohl – fast – jedem klar.

Arigona geht jetzt wieder hier zur Schule.
Aber man kann ihr natürlich keinen normalen Un-
terricht zumuten. Nach all der Aufregung.
Also wurde hier auch Rücksicht auf das arme
Kind genommen.

Etwas ist in jedem Fall bemerkenswert:
Die Umgebung solcher Familien sind oft alles
andere als begeistert von diesen Leuten.
Aber sobald die Sache in den Medien einen Platz
einnimmt, sind alle begeistert von diesen Personen; so freundlich, gut integriert, eine wahre
Freude so etwas zum Nachbarn zu haben.

Der abgeschobene Vater stand früher weit weni-
ger gut da.
Immer auf Streit aus, unangenehm und es war bei
weitem kein angenehmes Auskommen mit dieser
Familie.
Und dann plötzlich das.
Ich behaupte, dass hier viel die Angst in ein rech-
tes Eck gestellt zu werden, bis zur Furcht vor Ra-
cheakten der Familie oder deren Bekannten eine
Rolle spielt.

5. Kapitel

Da ich oft in Deutschland bin und dort nicht nur
geschäftlich, sondern auch viel privat verbunden
bin; weiß ich, dass dort Probleme mit Türken herr-
schen und auch mit den so genannten Russen-
Deutschen.
Wie in vielen anderen Ländern – z.B. Frankreich,
das gezwungen ist, Leute aus den ehemaligen Ko-
lonien ins Land zu nehmen; nicht zuletzt weil das
eben – zumindest theoretisch – Landsleute sind,
allerdings mit völlig anderer Mentalität und Le-
bensgewohnheiten; deshalb natürlich nicht leicht
integrierbar.
Ebenso ist es bei diesen „Heimkehrern".
Von der Mentalität her sind es eher Russen als
Deutsche.
Bekommen aber vom deutschen Staat jede Unter-
stützung und oft mehr Geld, als ein vergleichbarer
„Ur-Bundesbürger".

Wieso?
Es ist so wie auch hier; dass auf die dort oder hier
geborenen (bei uns eben – Österreicher) – wie
schlecht es ihnen auch gehen mag – keine Rücksicht genommen wird. Die sind ja selbst schuld an
ihrer Misere. (Durch Krankheit, Jobverlust und
dgl.!?).
Außerdem gibt das medienwirksam auch nichts
her.

Kein Reporter oder Journalist findet dabei den
Anreiz für eine Story.
Da muss schon was Spektakuläres passieren.
Einen Bombenexperten zerreißt es bei der Ent-
schärfung einer Bombe.
Da wird auch berichtet und eventuell für die armen Hinterbliebenen – besonders für Witwe und
2-3 Kleinkinder, die den Vater verloren haben,
einen Spendenaufruf gestartet.
Aber für einen Berufschauffeur oder einen Vertreter, der durch – auch nicht selbst verschuldeten –
Unfall, ums Leben kommt, wird kein Aufhebens
gemacht.
Die zurückgebliebene Familie ist zwar in der gleichen Situation, aber das Ganze gibt in den Medien
natürlich nichts her. Außerdem kann man sich ja
nicht mit jedem Fall befassen.

So sieht es also mit der Gleichheit und Gleichbe-
rechtigung der Bürger aus.

In Österreich herrscht schon die Meinung, dass
man Ausländer sein muss um etwas zu erreichen
und zu bekommen.

Ich selbst habe einige Erlebnisse und Erfahrungen
auf diesem Sektor machen können und müssen.

Ein offenbarer Ausländer hat zu einem anderen in deutscher Sprache – was sehr unüblich ist - mit Blick zu mir und dementsprechend laut erklärt: Wenn du nicht sofort alles bekommst oder warten musst, fängst du an zu schreien und zwar, dass man hier Ausländerfeindlich ist und du nur deshalb nicht sofort drankommst oder etwas nicht bekommst.

In einem Postamt waren vor jedem Schalter Schlangen von Wartenden.
Ein „typischer" Ost-Ausländer kommt herein, sieht das, verschwindet wieder und kommt gleich darauf mit einer Holz-Latte, auf die er sich stützt, wieder zurück.
Er geht ungeniert an einer Schlange vor bis zum Schalter indem er meistens gar nichts versteht, was Menschen zu ihm sagen, bzw. auf seine „Behinderung" hinweist.
Die Menschen, schon durch den ewigen Vorwurf der Ausländerfeindlichkeit, verunsichert, murren zwar, tun aber nichts (was auch?).
Der Typ bekommt was er möchte, humpelt raus, wirft die Latte weg und geht frisch von dannen.
Vermutlich in dem Bewusstsein, es den blöden Österreichern – wieder – gezeigt zu haben.

Natürlich kann jetzt einer sagen, der hat sich zu helfen gewusst.

Aber auf Kosten aller anderen, die einem armen Krüppel nicht zumuten wollten, zu warten.

Von der Art her ist es mit den Schwarzafrikanern hier ebenso.
Sie werden oft beim Dealen erwischt – also bei der Tat – setzten sich mit allen Mitteln gegen eine Festnahme zu Wehr, schlagen, kratzen, spucken, treten und schimpfen auf Polizisten hin.
Sobald die zugreifen und zwar so, dass der Typ den Beamten nichts mehr tun kann!, sind sie Prügelpolizisten; unnötig brutal, eben Ausländerfeindlich (event. verkappte Nazis).
Nur – wie soll man sich bitte gegen Leute, die offenbar völlig außer Rand und Band sind, wehren?
Außerdem sollten ja auch andere Bürger, die oft zufällig im Umfeld solcher Geschehnisse sind, geschützt werden.
Aber das ist nach Ansicht dieser „Gutmenschen" nicht wichtig.
Die Exekutive soll leiden, der Normalbürger darf und kann leiden; nicht aber der arme Verbrecher.
Der muss in jedem Fall geschützt werden.
Vermutlich sollte man ihn fragen, ob er mit einer Festnahme einverstanden ist und falls nicht, hat sie gefälligst zu unterbleiben.

Es ist ja wie schon erwähnt, in vielen westeuropä-
ischen Ländern so, dass die Polizei nur ganz vor-
sichtig und zurückhaltend vorgehen darf.
Das Randalierer Privateigentum beschädigen, anzünden, plündern und auch oft noch Menschen,
die zufällig in eine solche Demo reinkommen,
verletzen, wird nicht geahndet.
Wofür auch.
Die armen Teufel müssen ja irgendwie auf sich
aufmerksam machen.
Die können ihren Frust ungehindert rauslassen.
Wenn ein „Einheimischer" durch Probleme, Ver-
luste und dgl. durchdreht und das Gleiche tut, hat
es zur Folge, das eine "Hundertschaft" Polizisten
ausrückt und den Typ dingfest macht.
Auch wenn er nur sein Eigentum zertrümmert.
Oft steht dann noch eine Einweisung in die Psy-
chiatrie ins Haus.

Wir sind wieder bei Gleichheit.

In jedem Fall und warum auch immer - Stimmen-
fang? – engagieren sich viele Links-Politiker und
natürlich vorneweg Grüne für diese Leute mehr
als für die Menschen, für die sich in erster Linie
zu kümmern ihre Aufgabe wäre.
Den Wähler, den Bürger, der mit seinen Steuern
diese Politiker – wofür auch immer – fürstlich
entlohnt.

6. Kapitel

Kommen wir zu anderen Beispielen, dass auf unserer Erde – in unserer Welt – einiges nicht stimmt.

Die Amerikaner sind ein bunt zusammen gewürfeltes Volk aus aller Herren Länder.
(Der Ur-Amerikaner ist ein Indianer).
Trotz vieler Herkünfte, vieler Religionen, ethnischer- und Mentalitäts-Unterschiede, ziehen sie großteils an einem Strang.

Auch wenn der „Vorzieher" der Nation derzeit noch Bush ist.
Dieser Mann ist es auch, der für sich und sein Land in Anspruch nimmt, allein zu wissen und zu tun, was für Amerika und die Welt am besten ist.
Er lässt keine anderen Meinungen gelten.
Denn sein ist das Reich und die Kraft und die Herrlichkeit usw.
Bush sagt, was läuft und der Rest der Welt hat gefälligst zu tun was er verlangt; wenn nicht, muss mit Repressalien gerechnet werden.
Wer nicht für mich ist, ist gegen mich.
Er und seine Leute stellen fest, wer akzeptabel oder wer ein „Schurke" ist.
Das kann er sich natürlich nur, ob seiner bzw. des Landes Stärke (militärischer Art), erlauben.

Wir – Österreich – hatten einen Bundespräsiden-
ten – Dr. Kurt Waldheim – der früher schon Gene-
ralsekretär der Vereinten Nationen war und hoch
gelobt.
Dann wurde er in Österreich zum Bundeskanzler
gewählt, sehr zum Missfallen linker Parteien.
Diese hatten nicht besseres und eiligeres zu tun,
als sofort im Ausland auf die „braune Vergangenheit" dieses Mannes hinzuweisen.
Österreich sollte – wie später auch – vom Ausland
unter Druck gesetzt werden, mit dem Ziel, eine
demokratische – Mehrheitswahl – zu revidieren.
Es brachte in Österreich nichts.
In Amerika kam Dr. Walsheim auf die so genannte „Watch-List" und durfte in Folge nicht mehr in
die USA einreisen.
Recherchen haben ergeben, dass Dr. Waldheim
nie in irgendeiner Führungsposition oder sogar
maßgeblich an Verfolgungen und Ermordungen
irgendwelcher Personengruppen beteiligt war.
Sogar jüdische Organisationen haben sich den
Tatsachen nicht auf Dauer verschlossen.
Sehr wohl aber die USA, in der Dr. Waldheim bis
nach seinem Tod auf der Watch-List blieb.

Ein Wir sind Wir Gehabe sondergleichen.
Die USA und ihre Institutionen haben Recht; das
Recht immer auf ihrer Seite und im Besonderen
mit dem derzeitigen Präsidenten.

Die USA hat auch das Recht zu foltern.
Wenn es dem Land und der Sicherheit dient.
Und das tut es allemal.
In den meisten zivilisierten Ländern ist eine solche Verhörpraxis absolut verboten und steht nicht einmal zur Diskussion.
Nicht so in den USA.
Die dürfen.

Oder.
Klima. Klimagipfel.
Die USA soll sich zu etwas verpflichten, sich bevormunden lassen? Einschränken? Mitnichten.
Komme was da wolle.
Arnold Schwarzenegger, ein ehemaliger Österreicher und diesem Land noch immer sehr verbunden, stellt sich in letzter Zeit gegen seinen Präsidenten.
Weil er Hirn hat und erkannt hat, dass wenn alles so weiter läuft wie bisher, unsere Nachkommen nicht mehr lange an dieser Erde und Welt Freude haben werden und können

Es ist aber beleibe nicht alles schlecht, was von den USA nach Europa kommt.
Eine sicher gute Einführung ist, wenn jemand amerikanischer Staatsbürger werden möchte, muss es zumindest einmal die Landessprache beherrschen.

Bei uns empfindet es man als Zumutung den ein-
strömenden Massen gegenüber, dass sie, die es
sowieso schon schwer haben, auch noch deutsch
lernen sollen oder müssen.

Es wird komplett negiert, dass eine Integration
ohne Landessprache nicht möglich ist.
Ja bei uns wurde sogar angeregt, in der Schule die
Sprache der Zuwanderer zu unterrichten, damit
wir es im Umgang mit diesen leichter hätten.

Wäre natürlich schon toll, für diese Herrschaften.
Sie bräuchten überhaupt nichts mehr zu lernen
und zu akzeptieren. Wir tun alles um uns ver-
ständlich und denen das Leben so schön und leicht
wie nur möglich zu machen.

Unsere erarbeitete, gut funktionierende Wirtschaft, ebenso wie unsere Kultur (und nicht zuletzt unser Glaube) werden dafür bedenkenlos
geopfert.

Ein Punkt, der auch beachtet werden sollte ist der,
dass in Deutschland, Österreich und natürlich
auch anderen Ländern nach Kriegen jede Menge
an Aufbauarbeit zu leisten war und ist.
Viele der Leute, die aus Ex-Jugoslawien zu uns
kommen, haben daran kein Interesse.

Warum auch für etwas zu arbeiten, das man wo-
anders gratis – wie im Schlaraffenland - bekommen kann.

Nur, wenn das bei uns früher auch so gehandhabt
worden wäre, gäbe es jetzt keinen goldenen Westen, wohin diese Leute gehen könnten.

Der relative Wohlstand, den wir uns schwer erarbeitet haben, kann uns doch nicht verpflichten,
jeden, der kommt an diesem teilhaben zu lassen.
Noch dazu mit der Gefahr im Hintergrund, dass
genau dieser Wohlstand dann „den Bach hinunter
geht", weil die Menge derer, die nur „bekommen
wollen" und glauben allein durch ihre Anwesenheit und ihr Dasein ein Recht darauf zu haben, zu
groß wird.

7. Kapitel

Vielleicht sollte ich zu einer Erklärung des Buchtitels kommen.

Die Erklärung für Masochismus ist schon erfolgt.
Was das ungläubige betrifft; na ja – in den Augen
der zumindest islamischen Welt – sind wir das ja
auch.
Wir lassen über unseren Gott alles kommen.
Es wird zugelassen, dass jedermann seine Witze
über diese Figur machen kann und ungestraft darf,
er wird im wahrsten Sinne des Wortes durch den
Dreck gezogen.
Die Meisten von uns sind nicht wirklich gläubig.
Nicht so, wie es in anderen Religionen der Fall ist.
Im Islam z.B.
Welche Folgen eine Verhöhnung oder Karikatur
ihres Mohammeds hat, ist vielleicht noch erinnerlich.
Es wurde ein Kopfgeld auf den oder diese Frevler
ausgesetzt.

Ein kleines Beispiel betreffend der Durchführung
und Einhaltung des Glaubens.
Ein Junge – schon im zurechnungsfähigem und
strafbarem Alter – pisst an eine Kirchentür (katholische Kirche).
Auf die Frage eines älteren Mannes, was passieren
würde, wenn wir das bei einer Moschee machten,

antwortete er frech und provokant: uns würde der Kopf abgeschnitten.

Na bravo.
Wir dürfen diesem Typ nicht einmal eins hinter die Löffel geben – das wäre ja menschenrechtlich nicht tragbar – würden aber ob solcher Missachtung und Verhöhnung ihres Glaubens glatt unser Leben riskieren und vermutlich auch verlieren.

Das Leben verliert man nämlich in diesen „Kreisen" sehr schnell.
Nicht nur, dass schon die kleinste Kleinigkeit Grund genug für einen Racheakt ist, werden „Strafen" auch in unseren Breiten von diesem Kulturkreis rigoros gehandhabt.

Erst jüngst wurde ein Türke von einem anderem in der Öffentlichkeit dafür umgebracht, weil er dessen Frau vor 20 Jahren angesehen hat!
Es war nie etwas zwischen den Beiden. Sie kannten sich noch nicht einmal.
Aber ein einmaliges – vermutlich beleidigendes oder „verlangendes" Ansehen hat genügt.

Von Töchtern, die der Familie angeblich - aus welchen Gründen auch immer – Schande bereitet haben und dafür exekutiert wurden; von Männern, die ein angeblich gegebenes Eheversprechen – im

Kindesalter auf Zwang gegeben – nicht eingehalten haben.
Das und noch vieles mehr genügte schon, das Leben zu verwirken.

Welche Meinung sollen also diese Leute von Menschen wir uns haben, die sowohl eine Verhöhnung ihres Gottes zulassen, ebenso, wie die Tatsache dulden, dass ihr Frauen und Töchter von eben diesen Leuten straflos entehrt werden können.
Man straft uns mit Verachtung und das teilweise leider berechtigt.

Im Grunde sollten wir genauso rigoros Dinge und Vorfälle exekutieren wie diese Leute.
Es ist uns vom Gesetz her untersagt, außerdem liegt es nicht in unserer Mentalität, so zu handeln.
Ist aber in den Augen dieser Leute eine Schwäche.

Das äußert sich weiter in den Tatsachen, dass jeder „Reinkommende" einmal „verpflegt" wird, es geht ihm nicht schlecht.
Die Asylverfahren ziehen sich – teilweise durch Arbeitskräftemangel für die Bearbeitung derselben, andererseits durch die Möglichkeit, jeden Beschluss oftmalig beeinspruchen zu können.
Wie schon erwähnt, ist eine ganze Menge von Juristen/Rechtsanwälten damit beschäftigt.
Aus welchen tatsächlichen Gründen auch immer.

Es ist die Aufgabe der Anwälte, einen auch offensichtlichen Straftäter zu verteidigen.

Ebenso wird hier, auch wenn es klar ist, dass dieser Typ sofort abgeschoben gehört, fleißig gegen jeden Bescheid die Abschiebung betreffend, Einspruch eingelegt.

Sicher haben hier unsere Politiker schon vor langer Zeit versagt.

Wenn heute ein Gesetz exekutiert wird, gibt es von den „Gutmenschen" sofort ein Riesengeschrei, wir unmenschlich das Gesetz, diese Regierung und der betreffende Minister (z.B. Innen-) doch seien.

Man müsse menschlich handeln. Alles andere sei unwürdig.

Nicht unwürdig sind hingegen die Gründe, die oft zu einer Abschiebung führen.

Wie schon erwähnt, ist ein dealen mit Drogen offenbar kein Grund, einen illegal hier angetroffenen und schon öfters straffällig Gewordenen auch endlich außer Landes zu bringen.

Man weiß ja nicht, wie dieser arme Kerl dann überleben kann.

Womöglich kann und darf er dort nicht dealen und wovon soll er denn dann leben?

Von ordentlicher Arbeit?

Aber die gibt es natürlich in keinem der in Frage kommenden Länder.

Wieso bei uns – Österreich wie auch z.B.
Deutschland dann so viele Arbeitslose sind?
Vermutlich, weil die ja gar nicht arbeiten wollen.
Oder doch eher, weil es nicht genügend freie Arbeitsplätze gibt!?

Zurückkommend zum Titel.

Warum tun wir uns das an oder lassen es mit uns
geschehen?
Es soll – und ich will – hier nicht gegen eine Religion gehen.
Jede Religion soll und darf ausgeübt werden.
Allerdings nicht auf Kosten und auf dem Rücken
einer anderen, namentlich, wenn es um ein Land
geht, wo diese Leute ganz selbstverständlich Aufnahme erwarten und die Akzeptanz ihres Glaubens.
Es gibt überall eine Hausordnung.
Wenn man auf Urlaub in ein fremdes Land fährt,
hat man sich den Gepflogenheiten des Gastlandes
anzupassen.
Man hat sich an Rechte und Gesetze und an eine
„Hausordnung" zu halten.
Viele dieser Leute kommen aber in unsere Länder
mit einem Gehabe und einer selbstverständlichen
Arroganz, dass es einem die Luft nimmt.
Sie führen sich auf, wie die „Hausherren" und
nicht wie im Grunde Bittsteller – die sie eigentlich
sind – weil sie auf ein Bleiberecht hoffen.

Nein, sie hoffen nicht darauf, sie verlangen es!
Ohne wenn und aber.

Uns wird dann von Politikern eingeredet, wie be-
fruchtend doch das ganze sei. Man lerne fremde
Kulturen kennen und schätzen.
Ein schönes multikulturelles Paradies.

Adam und Eva kamen ins Paradies und wurden
durch die Versuchung – der Schlange – wieder
daraus vertrieben.
Bei uns spielt sich das anders ab.
Hier wird die Schlange, die schon vorher da war,
vertrieben.

Womit wir – zu einem zugegebener Maßen –
heiklen Themas kommen.

8.Kapitel

Fast jeder von uns weiß, was Juden im
2.Weltkrieg und schon davor passiert ist.
Kaum einer wird das gutheißen.

Man könnte sich allerdings fragen, da ja auch
Menschen nicht nur des Glaubens wegen, sondern
auch aus körperlichen Gründen, liquidiert wurden,
warum das nicht ebenso starken Widerhall findet.
Es wurden Menschen, die geistige oder körperli-
che Gebrechen hatten, ebenso wie Homosexuelle,
hingerichtet.
Also – wieso nicht auch hier der zu erwartende
und berechtigte Aufschrei.
Diese Leute hatten keine „Lobby".
Sie hatten niemanden, der sich für sie stark ge-
macht hat und gesagt hat: so geht es nicht.
Die Indianer in Amerika hatten das auch nicht.
Die Juden schon.

Seit Jahrzehnten erhalten die Juden bzw. der Staat
Israel Gelder von diversen Stellen.
Von Österreich z.B. begannen Zahlungen bald
nach Ende des zweiten Weltkrieges.
Reparationszahlungen.
Aber das ganze findet nie ein Ende.
Über sechzig Jahre nach Ende des Krieges, müs-
sen „wir" immer noch die Vergangenheit aufar-
beiten, uns bei den Juden bzw. Israel entschuldi-

gen, für etwas, das nicht wir, nicht unsere Väter
sondern – und nicht einmal das ist sicher – unsere
Großväter getan haben. Zumindest von vielen
nicht.
Unsere Politiker sind nach wie vor mit krummen
Rücken nach und in Israel unterwegs, verzei-
hungsheischend für nicht von uns Verbrochenes.
Das ganze ist eine Art von unbeschreiblicher Sip-
penhaftung.
Das geht weit über Verantwortungskonflikte wie
z.B. bei Türken oder Süditalienern hinaus.
Welches andere „zivilisierte" Land kann es sich
auch leisten, ungestraft, auf Verdacht, Raketen
loszuschicken, weil am Ziel angeblich ein Terro-
rist sitzt.
Man stelle sich vor, solches würde anderswo pas-
sieren. Dieses Land hätte mit den schlimmsten
Repressalien zu rechnen.
Nicht so Israel.

Ich wage die Behauptung, dass nur wenige Menschen über die Entstehung des Staates Israel Bescheid wissen.
Tatsache ist aber, eingefädelt von den Engländern,
dass man den Juden einen Lebensraum zu Verfügung stellen wollte. Einen eigenen Staat.
Allerdings war die ursprüngliche Auflage die, es
dürfte nur ein bestimmtes Gebiet beansprucht
werden und nicht mehr Juden als Palästinenser
dort leben.

Die Juden wurden immer mehr und beanspruchten auch mehr Gebiet, womit die Palästinenser aus ihrem ursprünglichen Gebiet vertrieben wurden.
Es gab eine Zeit, in den sechziger Jahren und noch darüber hinaus, wo Palästinenser fast gleichbedeutend mit Terrorist war.
Wie schon erwähnt, haben die sich eigentlich nur gegen die Vertreibung und Wegnahme ihres angestammten Wohnraumes verteidigt.
Möglich nicht immer mit adäquaten Mitteln.
Aber könnte man das den Israelis heute nicht auch unterstellen!?

In jedem Fall werden Juden nach dem 2.Weltkrieg immer gesondert und bevorzugt behandelt.
Dies zumindest in Deutschland und Österreich.
Nach ihren Machteinflüssen auch in den USA.

Es hat auch Zeiten gegeben, in denen ein Aufschrei erfolgte, Juden könnten in Österreich nicht mehr sicher leben.
Es war dies die Zeit, in der in Österreich eine Regierung bestehend (wie meistens) aus zwei Parteien an der „Macht" war.
Es war hier so – wie auch bei Bundespräsident Waldheim – dass Österreicher außer Landes gingen und gegen – in diesem Fall demokratisch gewählte Parteien – geschrien haben.
Es hat damals auch Sanktionen von Nachbarstaaten gegeben.

Zu bemerken wäre, dass es eine Zeit gegeben hat,
in der solche Leute wegen Landesverrat einfach
exekutiert worden wären.
Aber obwohl Österreich so schrecklich ist, bleiben
sie; wie auch die Juden und alle, die heute noch in
Massen zuströmen.
Nebenbei sei erwähnt, dass in Österreich – seit
dem Krieg – einem Juden von einem Österreicher
nichts mehr angetan wurde.
Trotzdem beanspruchen sie noch immer Schutz
und der israelische Geheim-oder Sicherheitsdienst
ist wohl der einzige ausländische, der in Österreich offiziell mit Waffen herumlaufen darf.

Man könnte weiters jede Menge an Beispielen
anführen, woraus ersichtlich ist, dass diese Leute
im täglichen Leben eine Art an den Tag legen, bei
der es wirklich nicht leicht fällt Sympathie und
irgendein Verständnis zu entwickeln.
Offenbar ist die Exekutive bei uns angewiesen,
bei Vergehen dieser Personen, mehr als ein Auge
zuzudrücken.

Noch einmal möchte ich hier eines klarstellen:
Das ist meine persönliche Meinung, die allerdings
auf Grund vieler Erfahrungen und Erlebnisse gebildet wurde, d.h. tatsächlicher Begebenheiten und
nicht aus einer Einbildung oder einer Art Verfol-
gungswahn geboren.

Es gibt natürlich wie immer, bei jedem Glauben und jeder ethnischen Gruppierung Ausnahmen.
Es gibt Menschen, die andere und ihr Gastland als solches akzeptieren, respektieren und sich dementsprechend verhalten.
Leider gibt es aber auch viele - und man hat zeitweise das Gefühl, dass es die Mehrheit ist - die uns und unser Land nur als Quelle für bequemes Leben und als Land voller Rechte aber ohne Pflichten für sie betrachten.
Im Notfall wird eben auf das Gewissen angespielt; wir sind Ausländer und deshalb behandelt ihr uns so oder habt ihr vergessen, was ihr uns Juden angetan habt, soll das wieder so sein?
Es gibt grundsätzlich keinen Anlass für solche Gedanken.
Allerdings arbeiten viele – nicht erfolglos – in diese Richtung.
Und das sind nicht wir.
Bei schon erwähntem Gehabe, kann man nicht auf Wohlwollen und Liebe hoffen.

9. Kapitel

Auch ein überdenkenswertes Kapitel ist der bevorstehende Einzug der Türkei in die EU.

Ein Land, dessen Menschen so anders sind, den Glauben, die Lebensweise, die Rangordnungen, die Geschichte betreffend.

Marcus.
Für Wochen saß dieser junge Mann in der Türkei in einem Gefängnis; für nichts.
Es wurde festgestellt, dass er dem Mädchen, dessen Eltern die Anschuldigungen machten, nichts getan hat.
Wird er deswegen frei gelassen? Nein!
Wieso nicht?
Warum tut die deutsche Regierung nichts?
Will sie das ganze nicht aufschaukeln?
Die Vorgangsweise der Türkei ist da schon anders.
Dort hat man Rückgrat. Auch wenn es in diesem Fall schlecht ist.

Ein kurzer Schwenk nach Polen.
Seit die Grenzen offen sind, beschert uns das nichts Gutes.
Der Kriminaltourismus u.a. auch aus diesem Land ist schlichtweg schlimm.
Aber sie kommen zur EU und fordern.

Können das Geforderte gar nicht leisten, aber stellen Ansprüche.
Und die werden ihnen auch noch – zumindest großteils – gewährt.
Deutschland und Österreich sind Nettozahler.
Was und wie viel haben wir davon?
Es strömen immer mehr Länder in die EU, auf Zuschüsse nicht vergebens hoffend und einige wenige Länder sollen das alles bezahlen.

Aber die EU ist sowieso ein eigenes Kapitel.
Der Grundgedanke war sicher nicht schlecht, aber was daraus geworden ist; ein geldverschlingender Moloch, der sich um Dinge wie die Krümmung von Bananen kümmert und Plätze für alle, die im eigenen Land nicht – mehr – wirklich gerne gesehen werden, bietet.
Damit ist natürlich das europäische Parlament und nicht die einzelnen Länder oder Bürger gemeint.

Noch kurz zu etwas ganz anderem.
Nationalsozialismus und Juden betreffend gibt es in Österreich besonders strenge Gesetze.
Es gibt hier ein eigenes Verbotsgesetz, wonach schon Gedankengut strafbar ist; in der Regel nur ein begangenes Verbrechen.

10. Kapitel

Es sollen jetzt noch Beispiele, für das doch über-
denkenswerte Verhalten diverser Ausländer, Asylanten, oder schon Neu-Österreicher angeführt
werden.
Ich nehme an – teilweise weiß ich es – dass solche
Dinge auch in Deutschland passieren; auch Frankreich dürfte vor solchem nicht gefeit sein, wobei –
wie schon erwähnt – die Ausgangssituation eine
etwas andere ist.

Es gibt eine Gurtenpflicht und eine Sicherungs-
pflicht für Kinder; d.h. für Kleinkinder ist ein
„Kindersitz" Pflicht.
Viele Türken (aber auch Jugoslawen) fahren her-
um, ohne die Kinder in irgendeiner Weise zu si-
chern.
Werden von der Polizei auch weitgehend ver-
schont, weil im Normalfall mit viel Geschrei –
teilweise schon erwähnter Art – und mit anderen
Schwierigkeiten zu rechnen ist.
Dazu kommen wir noch.
Allerdings, wenn etwas passiert, schreien diese
Leute am lautesten um ihre armen Kinder.
Die Tatsache, dass mit dem Auto überall gehalten
wird, die Insassen aussteigen zu lassen oder zu
laden ist selbstverständlich.
Sogar im Kreuzungsbereich bzw. auf oder in einer
Kreuzung!

Das großteils rücksichtslose Verhalten, sei es nach
einem Moscheenbesuch – wo in Schwärmen her-
um gestanden wird und somit jeder Passant gezwungen wird, die Straße für sein Fortkommen zu
benützen – oder das in ihren Ländern möglicherweise übliche lange Aufbleiben nächtens.

Vor Jahren hatte ich das Gefühl bzw. die Angst,
einen Unruheherd oder beginnenden Krieg vor der
Türe zu haben.
Es waren aber nur einige Türkenfamilien, die sich
nach Mitternacht von einem nahe gelegenen Park,
mit jeder Menge Kinder und sich lautstark unter-
haltend – natürlich in ihrer Sprache – auf dem
Heimweg befanden.
Wochentags!
Es mag schon sein, dass das ihrer Tradition und
Mentalität entspricht.
Aber, wie kommt ein hier lebender und arbeiten-
der – morgens aufstehen müssender – Mensch
dazu, durch solches um seinen Schlaf gebracht
bzw. geweckt zu werden?
Etwas Anpassung wäre hier sehr förderlich.
Wie schon erwähnt, meinen unsere Grünpolitiker
aber, wir müssten uns anpassen und die Lebensweise der Zuwanderer hinnehmen und akzeptieren.

Es hat ein Schussattentat eines Arztes auf einen
Jugendlichen gegeben.
Viel Geschrei und Medienrummel und Wirbel.
Der Arzt hat selbst zwei Kinder. Wie konnte so
etwas geschehen?
Ganz einfach, indem 10-15 Jugendliche auf ihn
bzw. seine Wohnungstür los gingen und er sich
nicht mehr anders zu helfen wusste um sich und
seine Familie zu schützen.
Es waren nebenbei bemerkt türkische Jugendliche.

Drogenhandel ist offenbar geteilt, wobei ich den
Anteil der ethnischen Gruppen nicht kenne.
In jedem Fall ist er fest in türkischer und schwarz-
afrikanischer Hand (z.B. Gambia, Nigeria).
Nachweisbar dealen viele der Asylanten oder ver-
üben Einbrüche, Diebstähle und Überfälle.

Man muss sich vorstellen, dass es bekannt wurde,
Reisende aus den ehemaligen Oststaaten kommen
mit einer Erklärung nach Österreich, in der aufge-
listet steht, welche Straftaten sie hier ohne große
oder keiner Gefahr einer strafrechtlichen Verfolgung verüben können!

Der Anteil, der Ausländer an in Österreich begangenen Straftaten ist in schwindelnder Höhe und
wird – so irgend möglich – verschwiegen, um
keinen Ausländerhass zu erzeugen.

In den Gefängnissen hat der Stand aber die Marke
der 50% erreicht.

Immer wieder schockierend, ist die Tatsache, dass
besonders Türken nicht nur auftreten als ob sie die
Herren in diesem Land wären.
Auch die Bereitschaft zu einer tätlichen Ausei-
nandersetzung ist sehr hoch.
Die Brutalität, mit der dann vorgegangen wird ist
beispiellos.

Einige kleine Beispiele.
Ein österreichischer Jugendlicher schaut einen
jungen Türken für ihn beleidigend oder provozie-
rend an.
Der gleiche Blick auf einen Jugendlichen österreichischer Provenienz hätte keine wie immer gearte-
ten Folgen.
Der türkische Junge – ca. 18-20 Jahre – ist sofort
auf den Österreicher los, hat ihn binnen Sekunden
niedergeschlagen; und dann war auch schon Secu-
rity da.
Allerdings auch gleich 15-20 türkische Jugendliche, die sich in diesem Fall zum Glück nicht zu
weiteren Gewaltakten hinreißen ließen, sondern
sich darauf beschränkten, ihrem Kameraden Bei-
fall zollend und bewundernd auf die Schulter zu
klopfen.

Es liegt allein schon nicht in unserer Mentalität
immer in Gruppen aufzutreten.
Diese Leute sind immer in der Mehrheit.
Außerdem machen sie alles, was einen ihrer Leute
betrifft sofort zu ihrer eigenen Angelegenheit.

Ein weiterer – oft erlebter – Vorfall.
Ein Autofahrer – offensichtlich türkischer Ab-
stammung fährt wie der letzte Irre; schneidet Andere – auch mich. Auf ein Hupen reagiert er so,
dass er das Auto quer auf der Fahrbahn zum stehen bringt, herausspringt und sofort aggressiv – in
diesem Fall zum Glück nur verbal drohend – tätig
wird.
Es gibt keine Konversation. Es gibt nur Brutalität
und ohne jede Hemmung, sofort bereit auch zuzu-
schlagen, wenn der andere nicht sofort den
„Schwanz einzieht“.
Wir leben in einer Zeit und Gesellschaft, dass einem nur mehr übel wird und man im Grunde jeden Moment Angst haben muss, in einen Streit
oder Schlägerei verwickelt zu werden.

In ein Internet-Cafe kommt ein junger Türke, ein
Bekannter ist auch dort – er hatte mit seinem PC
ein Problem und wollte von dort nur wegen Nach-
richten sehen – einen CD-Player mit Lautsprecher
mit und eingeschaltet – türkische Musik vom lau-
ten.

Mein Bekannter ersucht ihn die Kopfhörer zu benützen und erntet sofort eine Drohung, er solle
verschwinden, wenn ihm etwas nicht passt.
Der anwesende Chef – offenbar auch ein Türke –
wirft den Jungen hinaus und verbietet ihm das
Lokal, worauf dieser schreit, er würde ihm die
Bude anzünden.
Der Chef meinte, das sei ihm egal, er wäre sowieso versichert.

Aber man muss sich doch fragen – ist so was nötig?
Haben wir es nötig, in – noch – unserem Land in
ständiger Furcht vor Übergriffen und Gewalt zu
leben?
Die Politiker, die für eine multikulturelle Gesellschaft eintreten, wollen ganz offensichtlich die
immer größer werdenden Probleme nicht sehen
und wahrhaben.
In der Hoffnung auf „Stimmvieh", wird alles herein gelassen, was will.

Natürlich sind auch einige wirklich Arme und
Verfolgte dabei – aber wie schon vorher erwähnt,
die Meisten wollen hier nur möglichst angenehm
leben ohne Pflichten übernehmen zu wollen.
Rechte wollen sie alle und beanspruchen sie auch.

Integration bedeutet für diese Leute nur, vom
Staat so viel und schnell wie möglich zu bekommen was nur irgendwie geht.
Auf Deutsch können viele nur schimpfen, aber
sich kein Brot kaufen.
Das ist eines der nächsten Probleme.
Die Kinder lernen in der Schule – mehr schlecht
als recht – Deutsch.
Durch die Tatsache, dass sie es erst in der Schule
lernen, hinkt der Stoff natürlich gewaltig hinterher.
Zu hause wird dann wieder in der Muttersprache
gesprochen – man darf ja die Tradition nicht vergessen und woher man kommt.

Ob es im privaten oder geschäftlichen Bereich ist,
trotz Anwesenheit von „Inländern" immer in der
Muttersprache zu reden ist auch eine Unhöflich-
keit.

Früher waren es Personen aus dem ehemaligen
Jugoslawien, die ein Problem darstellten.
Heute sind es hauptsächlich Türken.
Allerdings auch Schwarzafrikaner.

11. Kapitel

Man könnte jetzt vielleicht den Eindruck gewin-
nen, ich sei ein Ausländer-Feind, Fremdenhasser
oder Rassist.

Dem ist grundsätzlich nicht so.
Ich hasse Gewalt.
Ich mag keine Leute, deren einziges Argument
Bedrohung und Gewalt ist.
Ich hasse es auch, in meinem Heimatland nicht
mehr das Gefühl des „zu hause" seins zu haben,
sondern immer mehr das Gefühl von im Moment
noch gerade geduldeten Lebewesen; die allerdings
zu kuschen haben und möglichst mit gesenktem
Haupt herumschleichen dürfen.
Wenn wir erhobenen Hauptes gehen, bilden wir
eine Provokation.
Wenn wir mit gesenktem Haupt gehen, machen
wir uns lächerlich und werden gerade des wegen
zum Gespött dieser Leute.
Wie haben kein Rückgrat, keinen Charakter, keinen Mut und keinen Glauben.
Zumindest – wie auch schon erwähnt - keinen,
für den es sich einzusetzen lohnt; und sei es nur
aus Prinzip.

Wie sind also Ungläubige – weil z.B. auch nicht
Muslims - und Masochisten, weil wir das mit uns
zulassen.

Ein in jüngster Zeit typischer Fall.
In Österreich ist es üblich – zumindest in einigen
Regionen – zur Begrüßung „Grüß Gott" zu sagen.
Das sollte jetzt unterlassen werden – wurde Kin-
dern erklärt – weil das Kinder und Personen mus-
limischen Glaubens verletzen und stören könnte.

Soweit ist es schon.
In manchen Schulen wurden die Kreuze in den
Klassenzimmern abgenommen, um Muslime nicht
zu beleidigen und zu verletzen.
Jetzt das!

Wenn es in Ganztagsschulen Essen gibt, darf sowieso kein Schweinefleisch dabei sein.
Aus denselben Gründen.

Auch über Krampus und Nikolaus, bzw. Weihnachten wurde schon laut nachgedacht.

Sind unsere Politiker eigentlich noch zu retten?
Wie sehr prostituiren sie sich noch?
Was sollen wir noch alles aufgeben, auf was noch
alles verzichten, nur um den nicht integrierwilli-
gen zuströmenden Massen alles recht zu machen.
Die dürfen in keiner Weise beleidigt oder verletzt
werden.
Wir, die wir mit diesem allen aufgewachsen sind;
wir sollen und müssen darauf verzichten.

Zu Gunsten einer – noch – Minderheit, die sich
eigentlich nach uns richten sollte.
Sollen wir endlich dementsprechende Fremdspra-
chen lernen?
Türkisch z.B.
Vielleicht irgendwann russisch.
Deutsch brauchen wir dann natürlich nicht mehr.
Als Umgangs und Amtssprache tritt Deutsch so-
wieso immer mehr in den Hintergrund.
Alles ist schon mehrsprachig angeschrieben.
Nicht in Deutsch oder Englisch.
In Türkisch, Slowakisch, Slowenisch, Kroatisch.
Halt in den Sprachen, die Anspruch auf Beach-
tung haben.
Deutsch.
Perfid. Wer spricht heute noch deutsch?
Die Sprache dieser Untermenschen.

Womit wir wieder beim Thema wären.
Man kann uns nicht ernst und für voll nehmen.
Rückgratlose, ängstliche, verachtenswerte Schlei-
mer; nur darauf bedacht Zuwanderern alles Recht
zu machen; auch wenn wir uns selbst dabei aufgeben.

Und Gott?
Wer oder was ist Gott?
Kann nicht viel los sein mit ihm, wenn die Meisten keine Achtung vor ihm haben und ihn verleugnen.

Jeder Fremde darf ungestraft an unsere Kirchen
pissen und Gott lästern.
Aber lasst euch gesagt sein, lästert ihr Mohammed, seid ihr fällig.

Zumindest sinngemäß.

Wir schauen einer keineswegs lebenswerten Zukunft - insbesondere für unsere Kinder - entgegen.

Ich habe eingangs von einem etwa 28jährigen
Türken berichtet, dessen Vater nach 25 Jahren in
Österreich nicht deutsch konnte/wollte.
Der Junge hielt z.B. Ramadan strikt ein.
Essen vor Sonnenaufgang und nach Sonnenunter-
gang, dazwischen nichts; auch nichts zu Trinken.
Er hat immer viel gejammert, wie fertig er ist und
wie ihn das mitnehme.
Auf die Reaktion, er müsse es ja nicht; doch, das
verlange sein Glauben.
Er hat immer sehr offensichtlich und für Jeder-
mann sicht- und hörbar gelitten.
Es ist sicher etwas von Märtyrer dabei; so wie bei
der schon erwähnten 15jährigen Arigona.
Schaut, was wir vollbringen.

Meine Kritik richtet sich hier in erster Linie gegen
unsere Politiker; diese machen es Zuwanderern
bzw. Asyl-Werbern zeitweise auf Kosten der hier
Geborenen- und Lebenden, zu leicht.

Meine Kritik richtet sich auch gegen all jene, die meinen in ein fremdes Land kommen zu können und nur Forderungen zu stellen; nur Rechte zu haben und keine Pflichten.
Die Pflicht, die Landessprache zu lernen, sich in die Lebensweise der hier Ansässigen einzuordnen und den hier vertretenen Glauben zu akzeptieren. Nicht nur zu erwarten und zu fordern, sie so wie sie sind zu akzeptieren.
Derzeit ist das Ganze wie eine Einbahnstraße.

Über Internet wird derzeit mit Musikvideos offen zum Straßenkampf aufgerufen.
Von jugendlichen Ausländern hier im Land.
Der Rechtsstaat kann nichts dagegen tun, weil das unter künstlerische Freiheit fällt !

Auf den letzten Seiten war sehr viel gegen türkische Jugendliche geschrieben, nicht, weil ich etwas Grundsätzliches gegen sie habe, sondern weil ihr Benehmen und ihre Art – d.h. zumindest bei vielen von ihnen – einem keine andere Wahl lässt, als dieses Verhalten zu kritisieren und abzulehnen.
Leider sind viele Erwachsene auch nicht anders.

Allerdings will ich mich nicht auf Türken „einschießen“ – obwohl, sie leben hier und sollten oder müssten deshalb ein anderes Verhalten an den Tag legen – der so genannte Kriminaltouris-

mus ist etwas, der niemanden unberührt lassen
kann. (Außer die Politiker).

Glückliche Schweiz; glückliche, intelligente und
realitätsnahe Schweizer Bürger und Politiker.
Sie haben schon vor Zeiten zumindest einem Teil
dieser Probleme einen Riegel vorgeschoben, indem sie nicht der EU beitraten und nicht jeden ins
Land lassen.
Obwohl dort sicher viele hin möchten.

Aus Bulgarien, Rumänien, Polen, Ex-
Jugoslawien, Ex-Russland, Tschetschenen, Af-
ghanistan, Slowakei und Tschechien kommen
viele „Touristen" um bei einem Besuch möglichst
viel an Eindrücken, oder noch lieber ab handfes-
ten Dingen mitzunehmen.

Ich bin leider selbst schon in der Situation gewesen, um einiges Verschwundene trauern zu müssen.
Autoeinbruch, Wohnungseinbruch, Diebstahl einer „Umhängetasche", die so schnell – obwohl
direkt neben mir – weg war, dass ich, wie sicher
viele andere auch, nur staunen und dann jammern
konnte.
Obwohl ich bei den erst genannten Fällen natürlich nicht persönlich dabei war, ist mir von Poli-
zeiseite erklärt worden, dass diese Ganoven eige-

ne Arbeitsweisen haben, nach denen man auch das
Herkunftsland erkennen kann.

Außerdem ist es höchst unwahrscheinlich, dass
ein halbwegs vernünftiger Mensch Sachen stiehlt,
die eigentlich nichts wert sind.
Nicht nur, dass Datenträger bei dem Gestohlenen
waren, auch von anderen Personen habe ich gehört, dass z.B. Lebensmittel und Getränke gestohlen wurden.
Bei Alkoholika bekannte, aber billige Marken,
während qualitativ Hochwertiges aber vom Namen unbekannteres zurück gelassen wurde.
Auch wurde bei mir ein Scan-Radio – das bei einer Jugendzeitschrift dabei war, Gesamtpreis €
2,30, gestohlen.
In Österreich vermutlich nicht einmal am „Floh-
markt“ zu verkaufen.

Aber der damit verbundene Ärger stößt jeden sauer auf, besonders wenn auf den Datenträgern Fotos – die unwiederbringlich sind – waren.

Wobei in Österreich bzw. Wien noch ein Gutes
vorhanden ist; Schwarzafrikaner prügeln sich mit
ihresgleichen – „Straßenschlacht“ mit 24 Beteilig-
ten.
Türken mit Kurden – 30 Beteiligte.
Wobei die - zum Teil - Schwerverletzten wieder
auf unsere Kosten zusammengeflickt werden.

12. Kapitel

So. Schauen wir von der Alltagsbrutalität zum ganz normalen Wahnsinn auf anderen Gebieten.

Hier sind die Amerikaner und Chinesen derzeit sicher federführend.

Man weiß ja zumindest, dass Bush Kind(er) hat. Wie kann ihm dann alles, was einmal auf sein Kind zukommen wird, egal sein?
Es ist sicher nicht mehr möglich, gänzlich zurück zu stecken; der Fortschritt verlangt seine Opfer. Die wenigstens in unseren Breiten denken daran – wenn sie sich lange und ausgiebig Duschen oder Baden – es in anderen Gebieten und Ländern sogar am Trinkwasser mangelt; von dem Luxus des Badens haben manche Menschen möglicherweise nicht einmal gehört.

Die Regenwälder werden bedenkenlos abgeholzt. In anderen Ländern wird ebenfalls abgeholzt, um den Preis, dass nichts mehr vorhanden ist, um Überschwemmungen aufzuhalten.
Wir betreiben seit – zu – langer Zeit Raubbau an unserer Umwelt.

Ob das Klima wirklich auf die derzeitigen Belastungen so wie es tut, reagiert, möchte ich nicht beurteilen.

Es hat schon immer – auch in früheren Zeiten –
Klima-Veränderungen bis hin zu Katastrophen
gegeben.
Aber eines muss uns klar sein – gut oder gescheit
ist unser Handeln sicher nicht.
Es wäre weit an der Zeit endlich auf unsere und
die Zukunft unseres Nachwuchses zu schauen und
Sorge zu tragen, dass dieser überhaupt noch eine
Zukunft hat.

Es gibt so viele Projekte in der Welt, die nur des
momentanen Profits wegen durchgeführt werden;
wobei das Sprichwort: „Nach uns die Sintflut"
leider schon direkt zutrifft.

Wie schon erwähnt sind die USA, China, aber
auch div. Staaten Südamerikas sowie auch der
südöstlichste Teil des asiatischen Raumes sehr
gedankenlos dabei alles zu ruinieren, was die Natur in langer Zeit erschaffen hat.
Aber auch der Staudamm in der Türkei ist eine
reife Leistung.

Und immer weiter schreitet die Zerstörung fort.
Niemand macht sich offenbar nur irgendwelche
Gedanken, was passiert, wenn unsere Erdölvorräte
erschöpft sind.
Gibt es schon einen vollwertigen Ersatz von dem
wir nichts wissen?

Oder warten diese Leute auf ein Wunder - welches aber vermutlich nicht eintreffen kann und auch nicht wird.

Diese Sache betreffend bin ich ein wirklich Ungläubiger.

Es gibt jetzt schon Gerüchte, dass es einmal einen Krieg nicht um Land, sondern um Wasser geben wird; Trinkwasser.
Was einen auch nicht wirklich verwundern kann.
Es wird nur von den meisten Menschen – wenn auch unbewusst – verdrängt.
Bei uns macht sicht niemand Gedanken darüber, dass Wasser eben in manchen Ländern und Erdteilen zu einem Luxusgut gehört.
Allerdings nicht wie ein tolles und teures Auto oder ein großes Haus. Ohne diese Sachen kann man leben – auch wenn es Manchen schwer fällt.
Aber ohne Wasser!?
Vermutlich ebenso wenig wie ohne Luft.

Es gibt ja tatsächlich – wenn auch nicht offen und verbreitet – die Meinung, dass die Welt von nur Wenigen, Einflussreichen, einer Hand voll, regiert und manipuliert wird.
In diesem Zusammenhang werden diesen Leuten auch Verbindungen zum „Bösen" nachgesagt.
Dies nicht zuletzt, weil offenbar die Zahl 6 immer wieder eine Rolle spielt.

Wer damit nichts anzufangen weiß, sollte einmal in der Bibel nachlesen, was es mit der 6 bzw. 666 auf sich hat.

Das ist aber nicht meine persönliche Anschauung, obwohl es vermutlich schon stimmt, dass das Schicksal von Milliarden von der Stimmung oder Laune einiger Weniger abhängig ist.

Es ist ja auch bezeichnend, dass die Weltbank von Juden geleitet wird.
Und der Einfluss von einer eigentlich nicht sehr großen religiösen bzw. ethnischen Gruppe ein gewaltiger ist.
(Das soll aber nicht bedeuten, dass ich Juden mit dem „Bösen" in Verbindung bringe).

Um auf die 6 zurückzukommen.
Ist Ihnen schon aufgefallen, dass bei sehr vielen Strichcodes drei mal zwei Striche länger sind?
Also 6 Striche.

Aber wie schon erwähnt, ich weiß nicht, ob diese Sachen wirklich irgendeine Bedeutung haben.
Eigentlich ist es mir auch egal.

Sorgen machen mir andere Dinge.

13. Kapitel

Vor kurzem haben 350 Personen gegen Rassismus und gegen das Asylgesetz demonstriert.
350, die sich aufführen, als wären es 3,5 Millionen.
Es gibt sie sicher in vielen Ländern von Westeuropa.
Diese offenbar vom Mond kommenden oder bis gestern in Klausur Lebenden.
Sie verlangen nichts weiter, als einen freien Zuzug aller „Asylsuchenden", aus welchen ‚Gründen diese auch immer das tun.
Alle sollten so schnell als möglich die österreichische Staatsbürgerschaft erhalten.
Mit allen Rechten die sich daraus ergeben.
Über Pflichten müsste man halt hinwegsehen, da man doch jemanden, der gerade ins Land gekommen ist, nicht gleich wieder mit Vorschriften kommen kann. Da hätte diese Person ja gleich zu hause bleiben können.
Außerdem sind natürlich auch die „Nazis" hierzulande schuld, dass die Situation für verbrecherische Asylwerber so schlimm ist.
Bei der Demo von den 350 war demzufolge auch ein Lokal, wo Neonazis vermutet wurden das Ziel; mit der Forderung, dieses Lokal sofort zu schließen und es Asylanten zur Verfügung zu stellen!
Es ist wie in vielen Ländern und Städten.

Privateigentum soll beschlagnahmt werden oder
wird bei Demonstrationen beschädigt und vernich-
tet; aber die Bösen sind nicht diese Typen – wie in
Paris, in vielen Städten Deutschlands, etc. - sondern vermutete Nazis, die das Kapital haben und
allein deshalb schon so gefährlich sind !?

Diese Leute, von eben meisten der linkslinken
oder grünen – event. auch noch einige übrig ge-
bliebene Kommunisten – Szene, die eigentlich alle
schon als Babys Wunderkinder gewesen sein
müssen – sie haben sicher damals schon die Intel-
ligenz von heute gehabt – sind die derzeitige Bedrohung für unsere Länder.
Gewaltbereit, um ihre so berechtigten Forderungen durchzusetzen; ungeachtet der Tatsache, dass
sie nicht demokratisch eine Mehrheit vertreten,
sondern eine kleine Gruppe Phantasten; fern jeder
Realität lebend oder aber diese Realität sehr wohl
kennend und mit ihr zu sympathisierend.
Italien hat sich hier zu einem rigorosen aber sicher
sehr vernünftigen Schritt entschlossen.
Illegale, die noch dazu straffällig geworden sind
werden unverzüglich abgeschoben!
Bei uns haben diese Leute mit staatlicher Unter-
stützung und unter Beistand von Rechtsanwälten
jede Möglichkeit, eine Abschiebung hinauszuzö-
gern, bis es dann heißt, man könne doch Leute,
die so lange in Österreich leben und sich so gut
integriert haben nicht mehr abschieben.

Wir haben für Österreicher nicht genug Arbeit –
wie in Deutschland und anderen EU-Ländern auch
– aber es wird immer nach nötiger Zuwanderung
gerufen, weil Arbeitskräfte gebraucht werden.

Ebenso die Situation mit den Geburten.
Hier ist es so, dass die Geburtenraten sinken.
Nicht zuletzt, weil es heute schon sehr schwierig
ist als Alleinverdiener eine Familie zu erhalten
und weiters, weil einer Mutter nach der Karenz
ein Wiedereinstieg ins Berufsleben nicht gerade
leicht gemacht wird.
Also. Die Zuwandererfrauen sind oft wahre Ge-
bärmaschinen. Die Familie lebt oft – recht gut –
von Sozialunterstützungen und Kinder- und Fami-
liengeldern.
Die Kinder sind ja außerdem so wichtig für unsere
Zukunft.
Wer soll denn die Pensionen sichern wenn nicht
die Nachkommen.
Unbeachtet bleibt offenbar, dass die meisten der
Zugewanderten keine Arbeit haben, sondern nur
vom Staat kassieren; was in Folge natürlich nur
ein größeres Loch ins Staatsbudget reißt.
Aber das bleibt wohlweislich unerwähnt.

Außerdem; haben nicht die älteren Menschen ein
Recht auf einen geruhsamen Lebensabend?
Die, die nach dem Krieg das Land wieder aufge-
baut haben und nicht wie die meisten Zuwanderer

vor der Arbeit im eigenen Land flüchten und nur
das genießen und ausnützen, was Andere hier geschaffen haben.
Allerdings sicher nicht im Hinblick auf die Situation und Zukunft, die sie derzeit haben.

Von ehemals ruhigen Gegenden, in denen sie jahrelang gelebt haben, sich plötzlich in Ghettos versetzt, wo das Faustrecht gilt; wo sich viele Menschen – besonders nach Einbruch der Dunkelheit –
nicht mehr vor die Tür wagen, obwohl es auch
tagsüber schon schlimm genug ist.

Das ist ein sozialer Staat und soziale Regierungen,
die sich keinen Deut um ihre eigenen Bürger sche-
ren; dafür aber umso mehr um Zuwanderer, die
eben oft nicht einmal bereit sind sich in irgendeiner Weise zu integrieren.

Damit kommen wir auch wieder dahin, dass in
Österreich schon nur mehr darauf geachtet wird,
Ausländern oder zugewanderten „Österreichern“
alles recht zu machen.
Keine Kreuze in Klassenzimmern. Kein Grüß Gott
zur Begrüßung, kein Schweinefleisch bei einer
Nahrungsversorgung bei z.B. Schülern, die den
ganzen Tag in einer Schule oder einem Hort, aber
auch im Kindergarten untergebracht sind.
Und Krampus, Nikolaus sowie Weihnachten wa-
ckelt auch schon.

Moslems feiern das ja nicht und wir können ihnen das doch nicht aufdrängen oder sie damit in ihrem Glauben beleidigen.

Kein „Schwein“ achtet darauf, dass wir nicht in unserem Glauben gestört oder beeinträchtigt werden.
Nicht einmal die katholische Kirche, die mehr auf Kommunikation setzt als auf zumindest einigermaßen Aufrechterhaltung der Relikte und Feiern des christlichen Glaubens.
Allerdings sieht die Kommunikation so aus, dass allen Ansprüchen und Forderungen, z.B. der Muslime, nachgegeben wird.

Also nochmals und wieder; wie sollen wir uns Respekt von diesen Andersgläubigen erwarten, wenn wir die ganze Zeit nichts anderes tun als ihnen alles recht zu machen und unseren Glauben und unsere Rechte verleugnen.

Man könnte endlos Geschehnisse und Situationen auflisten, die eigentlich haarsträubend sind.

In Österreichs größter Tageszeitung haben Leser immer die Möglichkeit, ihre Meinung zu den Themen, die ihnen am Herzen liegen, kundzutun.
Wenn Politiker einmal lesen würden, was die Menschen bewegt, müssten sie endlich anders handeln.

Aber leider sind die meisten von ihnen so abgehoben und nicht der Realität verbunden, dass sie die Meinung des einfachen und blöden Volkes nicht interessiert und sie sie nicht wahrnehmen.
Wenn man sich heute laut um sein Heimatland sorgt, ist man sofort ins rechte Eck gestellt und zumindest ein Ausländerfeind.

Kann man nicht Verständnis für wirklich Verfolgte haben und sich trotzdem um seine Heimat sorgen ?

Man muss doch nicht gleichzeitig akzeptieren, dass Leute ins Land kommen, die kriminell tätig sind; die in ihrer Heimat zu faul sind, zu arbeiten und hier Geld fürs Nichtstun bekommen, weil sie ja so arm sind.
Woher haben viele der illegal ins Land kommenden die im Schnitt € 1500,-- die die „Schlepper" pro Person erhalten.
Um dieses Geld könnte bei ihnen eine Familie sicher eine ganze Zeit leben.

Wir werden mit einer Flut von Bettlern konfrontiert.
Sicher arme Leute; denn das Geld wird ihnen großteils abgenommen und sie erhalten nur einen winzigen Teil dessen, was sie erbettelt haben.
Der große Rest wandert in die Taschen einer Organisation oder Art Mafia.

Mit dem Geld, das wir diesen armen Menschen
geben, finanzieren wir im weitesten Sinn Verbrecher.

Vor allem sind das keine Asylanten der „normalen" Art, sondern eben Illegale.
Diese tauchen meistens sofort nachdem sie im
Land sind unter.
Und wovon leben sie dann?
Die meisten stehlen sich das was sie brauchen
zusammen; vielleicht wird noch etwas gedealt.
Oder sie versuchen hier den Status eines Asylanten zu erlangen; was aber an sich nicht möglich
ist.
In Anbetracht der Tatsache, dass wir – Österreich
– von EU-Mitgliedsstaaten umgeben sind und
diese als Schengen-Außengrenze dafür sorgen
müssten, dass niemand unerwünscht oder unzuläs-
sig ins Land kommt; bzw. viele der „Flüchtlinge"
sogar von diesen Ländern kommen, muss man
sich doch fragen, wovor diese Leute flüchten.
Vor der Arbeit, die bei ihnen zu hause nötig ist um
zu leben?
Hier müssen sie ja zum Glück nicht.
Hier können sie so kassieren. Vom österr. Staat.

Dabei haben wir eben schon wirklich genug mit
den so Eingewanderten zu tun.

Beispiele der Realität sehen doch so aus:

Ein junger Türke – 26 Jahre – hat ein junges Paar
mit dem Auto zum Stoppen gebracht, indem er
überholt hat und quer über die Straße stehen
geblieben ist.
Er ist raus gesprungen und hat die Beiden atta-
ckiert; später hat er dann noch das Auto beschädigt; Schaden mehrere Tausend €.
Bei der Einvernahme hat er erklärt, die junge Frau
habe ihn in seiner Ehre verletzt, weil sie zu langsam gefahren ist.
In einem anderen Fall war ein ähnlicher Sachver-
halt; ein junger Türke ist auf einen Mann los, weil
ihn dieser überholt und damit beleidigt hat.

Man muss sich doch fragen, ob diese Typen normal sind.
Und so etwas nehmen wir auf und füttern es
durch; nur damit unsere einheimische Bevölkerung vor solchen Psychopathen nicht mehr sicher
ist.
Wahrscheinlich beleidigen wir Manche schon,
weil es uns gibt.

Eine Grün-Politikerin brüstet sich damit, schon
Illegale bei sich versteckt zu haben.
Na bravo.
Darauf ist sie auch noch stolz.
Das sind genau die Leute, die für einen Staat ge-
fährlich sind.

Rechte und besonders Gesetze werden nur akzeptiert, wenn sie mit den verworrenen Wertvorstellungen und Ansichten dieser Leute übereinstimmen.

Es wird immer wieder erklärt, wie gefährlich das Umfeld ist, in dem wir leben und wie groß die Gefahr vor Neo-Nazis.

Davon mag es schon noch Einige geben.
Aber zumindest in Österreich merkt man so gut wie nichts von ihnen, weil hierzulande sehr strenge Gesetze vorhanden sind, die schon Gedankengut unter Strafe stellen und nicht erst eine Straftat.
Gefährlich sind jene, die obwohl nur wenige, sich über alles hinwegzusetzen versuchen immer und in jedem Fall ihre Interessen durchzusetzen.
Ob hinter einer anderen Meinung eine demokratische Mehrheit steht ist ihnen völlig egal.
Sie hätten gerne, dass ihr Wille Gesetz ist.
Leider sind sie zu dumm, um einen realistischen Eindruck von den meisten Dingen wahrzunehmen und nicht bereit, Logik zu akzeptieren.

Dann wird demonstriert auf Teufel komm raus und wenn wer oder etwas dabei „unter die Räder" kommt, nehmen sie das gerne in Kauf; in dem Wissen, das alles was sie tun normalerweise sowieso keine strafrechtlichen Folgen hat.

Nicht weil nichts zu finden wäre, da gäbe es genug; aber weil sie eine starke Lobby hinter sich haben und immer sofort damit argumentieren: wer gegen uns und unsere Forderungen ist, ist ein Nazi oder zumindest ausländerfeindlich.

Etwas, das diese Leute nicht bedenken, ist der Umstand, dass durch die Entwicklung mit den Asylanten, ständiger Zuzug von weiteren Ausländern, massiv wachsende Kriminalität ein Nährboden geschaffen wird und es möglicherweise zu Entwicklungen kommen kann, die katastrophal werden und dann nicht mehr zu stoppen sind.

Nehmen wir ein Beispiel.
Eine Familie hat ein Kind.
Es wird erzogen, muss Lernen, im Haushalt helfen und sich ordentlich benehmen.
Irgendwann adoptiert diese Familie ein weiteres Kind.
Weil dieses Neue ja so arm ist, vielleicht aus tristen Verhältnissen kommt, wird es umhätschelt, muss nichts machen, kann sich alles herausnehmen ohne mit einer Strafe rechnen zu müssen und ist auf Grund dieser Tatsache auch noch zum ersten Kind böse.
Irgendwann wird das „Ur-Kind" das Neue hassen.
Es wird nicht verstehen, wieso es selbst viele Pflichten und wenig Rechte, das Neue offenbar nur Rechte hat und wenn es seinen Pflichten nicht

nachkommt oder übers Ziel schießt, passiert
nichts.

Im Großen umgelegt, geht es uns so.
Und zwar nicht nur in Österreich.
Auch in Deutschland und anderen Ländern - zu-
mindest – Westeuropas.
Wo gäbe es denn das, dass man ungestraft Privat-
eigentum zerstören kann – auch wenn nicht darf –
und es passiert nichts. Keine Konsequenzen.
Des Weiteren gibt es vom Sozialstaat auch noch
Geld ohne dafür eine Leistung erbringen zu müs-
sen.
Das neue Schlaraffenland.

Vor ein paar Tagen wurde die Trafik (für Leute,
die nicht wissen, was eine Trafik ist: es ist eine
Verkaufsstelle bzw. Geschäft, wo es Tabakwaren,
Zeitschriften, Magazine, Postkarten, u.v.m. gibt),
in die ich meistens „einkaufen" gehe überfallen.
Zwei Männer – dem Aussehen und der Sprache
nach – aus dem Osten, zwangen mit Waffenge-
walt den Besitzer (es gibt auch abwechselnd Ver-
käuferinnen, da die Öffnungszeiten von ca. 6 h
früh bis 18.30h sind) sich nieder zu legen, zertra-
ten sein Telefon und „bedienten" sich.
Einer ging wieder vors Geschäft, um die Leute,
die hinein wollten weiter zu schicken.
Eine Person rief die Polizei, weil das ganze mehr
als dubios war.

Die Polizei kam allerdings zu spät. Die Verbrecher waren bereits weg.
Dem Besitzer ist zum Glück nichts weiter passiert; der Schock war natürlich da und ist auch weiter spürbar.
Leider ist so etwas kein Einzelfall.
Und die Verbrecher haben es immer leichter.
Es ist ganz einfach so, dass durch den Wegfall der Grenzkontrollen jetzt jeder unerwünschte Besucher ohne Probleme ins Land kommen kann, hier sein Verbrechen ausüben und in 30-45 Minuten schon wieder im Ausland ist.

Rumänen, Bulgaren, Polen, Leute aus dem ehemaligen Russland, u.v.m. kommen heute als Kriminaltouristen - oft nur für Stunden - nach Österreich und sind dann wieder - samt Beute - weg.
Und die meisten sind heute ja schon EU-Bürger.

Das absolut Absurde dabei ist, dass eigentlich jeder normale Mensch weiß, was man sich von den meisten Touristen dieser Länder zu erwarten hat.
(Das soll natürlich nicht heißen, dass alle Verbrecher sind.
Aber die meisten Kriminellen, die bei uns „tätig" sind, kommen aus dem östlichen Ausland).

Was die Türkei als zukünftiges Beitrittsland betrifft, haben wir hier nicht so sehr mit solchen

Verbrechen zu tun – Überfälle, Einbrüche, Diebstähle – sondern einfach mit der Tatsache, dass sich diese Leute nicht integrieren können und wollen. Zumindest die meisten von ihnen.
Es passieren immer wieder Gewaltakte aus „Ehrengründen"; eine Ehre, die ihnen aber nicht verbietet, sich auf unsere Kosten – ohne Gegenleistung – aushalten zu lassen; hier ihre „Stammesfehden" auszutragen, noch ewig hinter dem Mond zu leben mit ihrer Anschauung und Rechtsauffassung auch im Hinblick auf Gewalt, Unterdrückung und dgl.

Diese Leute sind oft jahrelang hier, ohne deutsch sprechen zu können.
Man unterhält sich untereinander in seiner Sprache und bei Forderungen an unser Land oder deren Institutionen redet man mit Händen und Füssen und ist erbost und ungeduldig, wenn man nicht gleich verstanden wird.
Das betrifft natürlich auch die ärztliche Versorgung.
Es ist ganz selbstverständlich, hier zum Arzt oder ins Spital zu gehen – und sei es wegen praktisch nichts – und zu erwarten, dass es hier für sie alles umsonst gibt und schnellstens und bestens.
Wir nix zu tun aber nix Zeit zu warten. Schnell. Warten können die Inländer; die nehmen sich ja nur von der Arbeit frei oder von dem was sie sonst zu tun haben.

Die haben nämlich auch Pflichten, nicht wie diese Typen, die meinen es müsse sich alles nur um sie drehen.

Das wirklich Schlimme bei der Sache ist die Tatsache, dass sie bei dem Allen von „unseren" Politikern unterstützt werden.

Die sind nämlich nicht nur in Österreich eine eigene Spezies.

Kassieren zwar ihr Gehalt von uns – was sie offenbar immer wieder vergessen oder überhaupt nicht so sehen – arbeiten aber für sich und für Asylanten und Ähnliches.

Wie schon erwähnt, gibt es natürlich Leute, die tatsächlich aus ihren Heimatländern fliehen müssen, weil ihnen sonst dort Schlimmes widerfahren würde.

Aber die meisten sind schlicht zu faul um in ihrer Heimat zu arbeiten und sich zu bemühen, dass die Wirtschaft dort vorankommt.

Sie kommen lieber zu uns, wo sie nichts tun müssen außer zu fordern.

Und das können sie auch in ihrer Heimatsprache.

Täglich kann man die Lesermeinungen in zumindest einer Tageszeitung lesen.

Es ist dies zum glück auch die Größte im Land.

Es gibt auch andere Blätter, die man allerdings am besten nicht zum Lesen nehmen sollte.

Der Mist, der dort zu Papier gebracht wird, spottet jeder normalen menschlichen Denkweise.

Es werden laufend Demonstrationen abgehalten.
Türken gegen Kurden; Kurden gegen Türken.
Was soll das bringen – hier bei uns.
Der Bevölkerung verursacht es immense Kosten;
sei es, weil immer Polizei – und nicht zu knapp –
dabei sein muss (nicht einmal geriet so etwas außer Kontrolle und dann wird hin gedroschen und
zerstört – gehört uns ja nicht, also egal – und der
mündige und zahlende Staatsbürger kann nichts
dagegen tun außer sich lautlos zu ärgern. Wenn er
es laut tut wird er sofort ins rechte Eck gestellt.
Man muss ja ein Nazi sein, wenn man kein Verständnis für diese armen, verfolgten Menschen
aufbringt.
Ausländerfeindlich und mehr.
Diese Leute müssen natürlich – auch wenn sie
illegal im Land sind, das Recht haben, zu demonstrieren, ihren Frust durch Zerstörung von
Privateigentum; ganz einfach durch Gewalt los zu
werden.
Kein Mensch schert sich dabei, wie es uns geht.
Viele Menschen – besonders Ältere aber auch
viele Frauen, die in den Augen dieser Gläubigen
sowieso nur Nutten sind – haben schon Angst
nach Einbruch der Dämmerung alleine unterwegs
zu sein.
Die Rechtslage ist etwas, das ein übriges Manko
bildet.
Wenn man einen Überfallenen zu Hilfe kommt,
hat man gute Chancen, dafür noch belangt zu

werden und eine Anzeige und Klage zumindest
wegen Körperverletzung zu bekommen.
Ein Geschäftsmann, der bei einem wiederholten
Einbruch in sein Geschäft einen der Täter erschossen hat, wurde deswegen vor Gericht gestellt.
Wahrscheinlich hätte er ihnen noch beim Packen
helfen sollen.

Immer mehr Menschen im Land verstehen die
Welt, aber im Besonderen diese Regierung und
die meistens links-linke Lobby der Befürworter,
nicht mehr.
Viele unserer Grün-Politiker tun sich damit hervor, dass sie ungehinderten Zuzug und sofortige
Einbürgerung aller – auch illegal sich hier Befindenden – verlangen.
Inländer sollten wegen 0,5 Promille – auch ohne
Unfall – sofort ins Gefängnis.
Ausländer dürfen trotz Verbots immer wieder ins
Land kommen, hier dealen, einbrechen, Menschen
überfallen und auch umbringen.
Es wird immer eine Entschuldigung dafür gefunden werden.
Ebenso wenn sie sich gegenseitig umbringen.
Das sind sie eben von zu Hause so gewöhnt. Da
kann man ihnen doch nicht böse sein.
Was besonders verwunderlich ist; die Tatsache,
dass bei Muslims die Frau ja keinen hohen Stellenwert einnimmt, oft unterdrückt, geschlagen und
sogar umgebracht wird, wenn irgend ein Psycho-

path meint, seine „Ehre" sei verletzt worden; und keine grüne Politikerin stellt sich auf ihre Füße und sagt, so geht es nicht. Wo bleiben die Menschen- bzw. die –Frauenrechte.
Normalerweise schreien sie ganz laut auf, wenn eine Frau ihrer Meinung nach, nicht zu ihrem Recht kommt. Aber hier ist kein Aufschrei zu hören.
Alles in Ordnung, alles Bestens.

Leider muss man sagen, dass es bei uns auch ohne „Ausländer" oder „Inländer", die zwar von Gesetz her Welche sind, sonst aber eher in das hinterste Eck z.B. der Türkei gehören, eine seltsame Rechtslage besteht.
Es besteht offenbar bei den Behörden die Meinung, dass die schlechteste Mutter noch immer besser als der beste Vater sei.
Diese Meinung hat nicht erst einmal zur Folge gehabt, dass Kleinkinder und Säuglinge durch Vernachlässigung seitens der „Mutter" oder durch Schläge des Ersatz-oder Stiefvater getötet wurden.
Erst jetzt haben wir in Österreich so einen Fall gehabt.
Wobei gehabt stimmt nicht ganz.
Das Urteil gegen den Kindesmörder steht noch aus. Gegen die „Mutter" ist bislang nichts unternommen worden.

Der tatsächliche Kindesvater klagt an, dass er
schon früher und rechtzeitig Misshandlungen seines kleinen Sohnes – 15 Monate – angezeigt hat.
Es hat nur jede Stelle, an die er sich wandte, ignoriert.
Die Mutter wird schon aufpassen, dass dem Kleinen nichts passiert.
Hat sie auch ganz toll.
Das Kind ist tot.
Die „Mutter" hat natürlich nichts mitbekommen
und der Mörder kann nichts dafür.
Wenn so ein Kind halt immer schreit und einen
ärgert, da kann einem schon öfters die Faust auskommen.
Zur Not kann man ja so etwas Kleines auch auf
den Boden knallen oder an die Wand.
Das muss doch jeder verstehen.
Möglicherweise die Linken oder Grünen; die ha-
ben ja immer ein sonderbares Rechtsempfinden.

In Deutschland lassen Eltern ein fünfjähriges
Mädchen verhungern,
Es werden von honorigen Menschen Kinderpor-
nos angesehen und gesammelt.
Irgendwer muss sie natürlich auch produzieren.
Seltsamer weise kommt man auf diese Leute
nicht.
Das schlimmste Szenario wird dargestellt in dem
man sich so etwas ansieht.

Es wäre nicht schlecht, wenn man hier einmal etwas „tiefer gräbt"; vielleicht kommt man auch einmal zu den Wurzeln, den Produzenten.

Es gibt auf der ganzen schönen Welt durch die vermutliche schlimmste Lebensform – den Menschen – immer wieder unvorstellbare Gräueltaten.

Manchmal fragt man sich, wie weit wir eigentlich vom Mittelalter entfernt sind; ob wir vielleicht zu dieser Lebens- und Anschauungsart zurückkehren.

Muslime setzen auch schon Kinder für Attentate ein, die sie nicht überleben können.
Solche Leute, die unsere westliche Zivilisation derart verachten und kritisieren, wagen es, trotz dieser Unmenschlichkeiten, die sie begehen.
An ihren eigenen Leuten.
Und diese sind zu blöd, um die Machenschaften dieser Auftraggeber zu durchschauen.
Von Geburt an auf Glaubensgehorsam getrimmt, glauben sie wirklich, sie kämen durch solche Aktionen in irgendeinen Genuss oder Vorteil im anderen Leben.
Sie wären damit Lieblinge von Allah!?

14. Kapitel

Bei uns gibt es natürlich ebenfalls Dumme, die glauben, sie könnten ihren Teil zum Frieden und zur Gleichheit der Völker beitragen, indem sie unbegrenzt nicht anpassungswillige- und fähige Leute ins Land lassen; ja sogar holen, indem sie sie auffordern und ihnen unser schwer erwirtschaftetes Wirtschaftswunder anbieten.
Natürlich ohne diejenigen vorher um ihr Einverständnis zu fragen, die dieses Wirtschaftswunder ermöglicht haben.

Immer wieder liest man von absurden Zuständen, Vorstellungen und Forderungen der hauptsächlich ganz links oder im grünen Bereich angesiedelten „Gutmenschen".
Man müsste Blödmenschen sagen.
Sie können oder wollen nicht sehen, was sie dem Land und der Bevölkerung antun.

In Österreich „sitzt" seit einiger Zeit ein Muslim, der mit seiner Frau und vermutlich noch einem Anderen über Internet Videos verbreitet hat und damit zu Gewalt aufgerufen hat.
Jetzt ist ein Video aufgetaucht, das sowohl Österreich als auch Deutschland davor warnt, es würde bald Verschiedenes passieren – nichts Gutes – das ist klar.

Österreich wird gedroht, wenn wir nicht sofort
diesen Muslim frei ließen, würden wir sehen, was
uns passiert, weil wir es gewagt haben, einen
Muslim einzusperren.
So weit, so schlecht.

Diese Typen glauben wirklich, sie können Allen
und Jeden drohen und einschüchtern.
Wenn wir das zulassen, sind wir selbst an unserem
Niedergang schuld.
Ein Nachgeben wird in jedem Fall als Schwäche
ausgelegt werden.
Eine Unnachgiebigkeit als Beleidigung.
Also nicht nachgeben. Dann haben sie zumindest
keinen geistigen Sieg davon getragen.
Über den Anderen wird man sehen.

Der österreichische Bundeskanzler erklärte vor
kurzem, es finde die österreichischen Asylgesetzte
grauslich.
An sich schon eine blöd zu nennende Aussage.
Wenn man aber bedenkt, dass seine Partei dieses
Gesetz mit beschlossen hat, schon fast eine Frechheit.

Natürlich sind hier am meisten wieder die Grünen
am Reden.
Für sie ist sowieso jede Abschiebung ein un-
menschlicher Akt.

Wenn es nach denen und ihren Vorsitzenden geht, müssten die Österreicher vermutlich alles tun, um ausländischen Verbrechern ihre Arbeit hier im Lande leichter zu machen.
Türen und Fenster offen lassen; mehr an Wertsachen bereitlegen.

Wir haben in österreichischen Gefängnissen gut 50% Ausländeranteil.
Dabei muss man natürlich bedenken, dass die meisten der Straftäter nicht erwischt werden.
Viele sind so genannte Kriminaltouristen, die nur für ein paar Stunden ins Land kommen, ihr Verbrechen verüben und dann wieder weg sind.
Das Schöne für diese Leute ist natürlich, dass ihre Länder jetzt teilweise auch schon bei der EU sind und es ihnen möglich ist, ohne jegliche Kontrollen ein-und auszureisen, wie es ihnen beliebt.

Was sich die EU bei vielen ihrer Maßnahmen und Beschlüsse denkt, ist für viele von uns nicht nachvollziehbar.
Der Ruf nach einem Austritt aus diesem Verein wird immer lauter.
Besonders wenn man in Richtung Schweiz schaut.
Einem Land, dem weis gesagt wurde, ohne EU-Beitritt würde es im Nichts versinken.
Die Bürger vieler Länder – natürlich besonders der so genannten Netto-Zahler – finden das Ganze schon lange nicht mehr toll.

Entmündigt, dem Reglement von Leuten unter-
worfen, die die Jobs in der EU als Alternative
bekommen haben, weil sie im eigenen Land nichts
brachten.
Jetzt haben sie noch mehr Befugnisse und Rechte,
aber wie immer, keine Verantwortung, der sie sich
stellen müssen.

Das Tolle an der Politik ist ja, dass der Unfähigste
erfolgreich sein kann - als Politiker, nicht als
Praktiker oder Mensch - er wird für kein Versa-
gen, wie groß die negativen Auswirkungen auch
sein mögen, zur Verantwortung gezogen.

Unsere Politiker - die ihr Wissen und ihre Intelli-
genz vermutlich mit einer großen Kelle gefressen
haben müssen - sind mit ihrem Kadavergehorsam
Richtung Brüssel eigentlich schon als Landesver-
räter einzustufen und wären zu früheren Zeiten
dafür zur Rechenschaft gezogen worden; (es sind
schon Leute für solche Vergehen erhängt oder
erschossen worden).
Heute bekommen sie jede Menge Posten und damit verbundene Gehälter und Spesen.
Sie lassen ganz „demokratisch" das Volk an Entscheidungen nicht teilhaben, weil das Volk sowieso für solche Dinge zu blöd ist.
Sie sind die einzigen Wahren und Berufenen mit
dem nötigen Wissen und Durchblick.

Nicht, dass der Normalbürger davon was merken würde; aber der ist wie schon erwähnt eben nicht fähig, weil es ihm an Geistesgaben fehlt.

Aber gehen wir wieder zum Kern der Sache über.

15. Kapitel

Im November 2007 ging es in den Pariser Vororten wieder „rund".

Nächtelange Proteste, Gewaltakte, Krieg zwischen den Jugendlichen und der Polizei.

Wut und Vernichtung seitens dieses Pöbels.

Man braucht nur Fotos oder Filmberichte anzusehen und das Ganze zu hinterfragen.

Die Randalierer sind in jedem Fall von Geburt Nicht-Europäer.

Afrikaner z.B.

In jedem Fall nicht das, was man sich unter einem Franzosen - sei es auch ein jugendlicher - vorstellt.

Als Entschuldigung wird dann angeführt, diese armen Teufel hätten eben keine Perspektive, keine Zukunftsaussichten und dgl.

Die Menschen, die möglicherweise Jahre lang auf ein eigenes Auto oder ein Geschäft oder was immer gespart haben, was dann binnen Minuten in Flammen aufgeht und Vergangenheit ist; was haben die dann noch nach solchen Randalen?

Wann werden die Politiker einsehen, dass bei vielen dieser „armen" Kreaturen nur Gewalt einsetzbar ist, um sie etwas im Zaum zu halten.

Es kann nicht sein, dass die Einzigen, die Gewalt anwenden dürfen – noch dazu ungestraft – diese Typen sind.

Wenn dann wirklich einmal stärker durchgegriffen
wird, gibt es sofort in den internationalen Medien
einen Aufschrei.
Wie kann ein Land, ein Staat so etwas tun?
Wie können solche Typen so etwas tun?
Angeblich richtet sich ihr Zorn gegen die Regie-
rung, gegen die Polizei, gegen die „Staatsgewalt".
Aber zerstören tun sie alles.
Meistens eben das Eigentum von Privatpersonen.

Ich befürworte sicher keine Diktatur und kein Re-
gime, dass auf Gewalt aufgebaut ist.
Aber eine gewisse Gewalt; die zur Selbstverteidi-
gung und zum Schutz des Menschen und seines
Eigentums nötig ist, muss schon erlaubt sein.
Es gibt Wasserwerfer, die bei uns nicht eingesetzt
werden, weil sich dann einer im nassen Zustand
verkühlen könnte; weil es unmenschlich ist, jemanden so etwas anzutun.
Bei mir würden die Behälter mit Pisse gefüllt und
dann ab dafür.
(Übrigens wird das sogar in manchen westeuropä-
ischen(!) Ländern so gehandhabt).

Wir sind heute wieder - wie im Mittelalter - soweit, dass wir uns der Gewalt, wo und wie immer
sie auftritt, beugen.
Die Braven und Anständigen Kuschen und die
Randalierer, Gewalttäter und Verbrecher haben

das Sagen und tragen – für sie zumindest psycho-
logisch – und oft auch materiell den Sieg davon.
Dafür wundern wir uns dann, dass wir trotz unse-
rer Bemühungen diesen armen Zuwanderern und
Asylanten bei uns ein möglichst angenehmes Le-
ben zu bereiten, keinen Dank bekommen.
Sie verachten uns. Wir sind in ihren Augen
Schwächlinge. Glaubenlose.
Und jeder Objektive muss ihnen Recht geben.

Der Klügere gibt nach.
Ein ebenso altes wie unrichtiges Sprichwort.
Zeig dich unbeugsam, sei genauso hart wie diese
Typen und sie werden dich weit mehr achten und
respektieren.
Wenn nötig sogar fürchten.
Amerika – bzw. die USA – ist ein Land, das einen
harten Kurs eingeschlagen hat und unbeirrbar
geht.
Das findet grundsätzlich nicht meine Zustim-
mung.
Aber Amerika lässt sich nichts dreinreden; redet
allerdings sehr wohl überall mit, ob seine Meinung gefragt ist oder nicht.
Zumindest einen Teil dieser Einstellung sollten
wir, bzw. unsere Politiker auch übernehmen.
Nicht bei jeder Gelegenheit in die Knie gehen;
sich nicht dauernd für etwas - wofür eigentlich? -
entschuldigen.

Nicht ständig bemüht sein, es Anderen recht zu
machen, aber auf die eigene Bevölkerung zu vergessen.
Die hat uns ja gewählt und zumindest bis zur
nächsten Wahl haben wir Narrenfreiheit.
Kurz vor der nächsten Wahl, wird dann etwas auf
die Wünsche und Sorgen der Bevölkerung einge-
gangen um nach der Wahl sofort wieder alles um-
zustoßen.
Und die Bevölkerung ist leider dumm und bequem
und lässt das alles mit sich machen.
Bis es einmal nicht mehr auszuhalten ist.
Aber dann ist es zum Handeln vermutlich zu spät.

Immer wieder ist es Politikern teils durch Angst-
mache, teils durch Versprechungen – die natürlich
nie gehalten wurden – gelungen, dem Wahlvieh
seine Stimme „abzulügen".

Jetzt sieht man aber, dass die Zeit für einen Wan-
del und Wechsel schon überreif ist.

Wenn einige wenige Politiker die Sache realis-
tisch beim Namen nennen, werden sie sofort beleidigt, diskriminiert; ihnen unterstellt mit der
Angst der Menschen zu spekulieren u.v.m.
In jedem Fall werden sie - großteils mit Hilfe der
Medien, die natürlich wissen, wo sie Zuschüsse
erwarten können – in Grund und Boden ver-
dammt.

Ein verzweifeltes Bemühen setzt ein, diese Personen unglaubwürdig und mundtot zu machen.
Die Bevölkerung darf in keinem Fall die Möglichkeit bekommen, sich etwa vom Wahrheitsgehalt dieser Leute und deren Aussagen zu überzeugen.

Möglicherweise war in Österreich die grüne Partei einmal voller Ideale und guter Vorsätze.
Inzwischen ist sie für - fast - jedermann sichtbar zu einer „Ausländerpartei" verkommen, die an den Sorgen und Ängsten sowie Problemen der eigenen Bevölkerung nicht interessiert ist.
Möglicherweise, weil das Wählerpotential hier erschöpft ist und man sich einen Zuwachs von Zuwanderern erhofft und verspricht.

Das allerdings grenzt an Verrat an den Leuten, denen sie verpflichtet sind.
Aber es ist wie bei allen Anderen.
Es passiert nichts.
Ebenso, wie bei Randalen und dgl.

Wenn fünf Neo-Nazis irgendwo auftauschen, wird ein Geschrei gemacht, als ginge die Welt unter.
Wenn hunderte Anarchos - auch Autonome oder Linksradikale – bei ihren Demos alles kurz und klein schlagen, ist das legitim.
Wir haben Versammlungs- und Demonstrationsrecht.

Auch Leute, die nicht Österreicher sind.
Bei uns darf Jeder.
Vorausgesetzt, er hat die richtige Seite gewählt.
Und das ist in jedem Fall eine weit Linke o. Grüne.
Eines der letzten Gusto-Stücke, ist wohl die Tatsache, dass im arabischen Raum sowohl ein 12-jähriges Mädchen und dessen Mutter eingesperrt wurden; das Mädchen, weil es von mehreren Männern vergewaltigt wurde.
Eine 19 jährige aus dem gleichen Grund, wurde zu 200 Stockhieben verurteilt.
Na bravo.
Bei uns ist es oft schon so, dass Vergewaltigungsopfer nicht ernst genommen werden.
Aber das diese dann noch dafür bestraft werden ist wohl der Gipfel.
Man muss sich doch fragen, was sich diese Pseudo-Menschen eigentlich einbilden.
Ich spreche ihnen die Bezeichnung Mensch ab.
Diese Individuen sind schlimmer als Tiere.
Gefährlich primitiv und fanatisch, die ihre Macht- und Gewaltgelüste ungestraft ausleben dürfen und können.
Dies noch auf eine Religion aufgebaut, die bewusst falsch interpretiert wird und als Entschuldigung für alle begangenen Gräueltaten herhalten muss.
Und mit Kultur kann das Ganze ja ohnehin nichts zu tun haben; denn wenn das Kultur ist...

Aber der Westen, kriecht diesem Ungeziefer noch in den Hintern, weil Interessen wie Öl einen sehr großen Stellenwert haben und deshalb alles toleriert wird.

Wie menschenverachtend es auch in Wirklichkeit ist.

Wie schon einige male erwähnt, können wir uns mit solchem Tun bei diesen Typen kein Ansehen oder auch nur den geringsten Respekt verschaffen.

Wenn hier ein Muslim wegen einer begangenen Strafrechtsverletzung eingesperrt wird, tobt die muslimische Welt.

Wenn Christen in diesen Ländern umgebracht werden, wird nichts getan.

Na ja; ist halt passiert. Da ist halt ein Mentalitätsunterschied, den man akzeptieren muss.

Nein!!!

Muss man nicht! Darf man nicht!

Es ist hoch an der Zeit, unser „Kriechertum" zu beenden.

Wir sollten; ja müssen die gleiche Härte an den Tag legen – auch wenn es unserer Natur widerstrebt – wie dieses Pack.

Ein Durchgreifen mit aller Härte und mit allen zur Verfügung stehenden Mitteln ist unumgänglich.

Ein Abschieben straffällig gewordener Asylanten und sonstiger auffälliger Personen, ist der geringste Schritt, der gesetzt werden muss.

Wenn dann von den so genannten „Gutmenschen“ aus dem linken und grünen Lagern ein Aufschrei kommt, weil das doch alles unmenschlich ist, müsste man die notwendigen Rechtsmittel schaffen um diese Leute – die ihr Tun unter dem Deckmäntelchen der Nächstenliebe ausüben und dabei nicht nur eigene Interessen verfolgen, sondern auch die eigene Bevölkerung benachteiligen, (welches noch sehr milde ausgedrückt ist), wegen Landes- und Hochverrat vor Gericht stellen.
Ich unterstelle diesen Leuten, dass sie nicht so blöd sein können, wie sie sich offensichtlich geben und deshalb sehr wohl zur Rechenschaft gezogen werden müssten.
Man braucht kein Prophet sein, um zu erkennen, dass wir in Österreich - als hier Geborene und wirkliche Inländer - bald in einer Minderheit sind mit allen Folgen, die sich daraus ergeben werden.

Und wenn jetzt wer meint, dass sei eine unverantwortliche Hetze, soll er mir ein Land auf diesem Globus zeigen, wo wir hinkommen und mit einer Unverschämtheit und Präpotenz nur Forderungen stellen können, die auch noch erfüllt werden, ohne irgend etwas dafür zu tun.
Ja nicht einmal die Landessprache zu können.
Das Mindeste, das passieren würde, dass wir hinausgeworfen werden würden.
Aber wahrscheinlich würde uns Schlimmeres widerfahren.

Vergessen wir nicht den Fall der englischen Lehrerin, die in Karthum unterrichtete und auf Wunsch eines kleinen Buben einen Stoffbären den Namen „Mohammed" gab.
Sie wurde zu 15 Tagen verurteilt und die Bevölkerung protestierte gegen das zu milde Urteil; es sei hier der Glaube und der Prophet beleidigt worden; und verlangte für diese Ungeheuerlichkeit die Todesstrafe.

Man sollte diese Leute und Länder in ihrem Unwissen und in ihrem Morast belassen und nicht versuchen sie zu einem westlichen Standard u.a. des allgemeinen Wissens bringen zu wollen.
Den Dank dafür sieht man immer wieder.
Hier ist alle Missionarstätigkeit vergebens.
Ich glaube nicht, dass die Wenigen, die bereit sind etwas anzunehmen, die Opfer rechtfertigen, die der Pöbel verlangt.

Das wirklich bedenkliche, aber auch sehr deutliche Schweigen der selbsternannten „Gutmenschen", die sonst immer ihr Maul aufreißen, ist wohl ein nicht zu übersehender Beweis für den wirklichen Charakter dieser Leute.
Über solche Ungerechtigkeiten, ja sogar Gräuel verlieren sie kein Wort.
Pharisäertum in Vollendung.

Fernab jeder Realität predigen sie immer wieder
und noch das Miteinander; das „Multikulturelle"
der Angelegenheit,
Wir können ja so viel von diesen Zuwanderern
lernen.
Was bitte?
Wie man am besten schmarotzt, oder stiehlt oder
einbricht oder schlicht nur Unruhe stiftet, indem
man sich aufführt, als wäre dieses Land schon
lange ihr alleiniges Eigentum und wir hier nur
geduldet.

Es sind schon oft genug Aussagen gehört worden,
wie: in einigen Jahren werden wir (die Ausländer
und Zuwanderer) hier das Sagen haben, dann wer-
det ihr (wir Inländer) kuschen müssen.

Schöne Aussichten sind das; die eben auch noch
unterstützt werden von unseren politischen Lan-
desverrätern.

An Vorfällen, die uns nicht nur nachdenklich
stimmen, sondern absolut beängstigen müssten,
herrscht kein Mangel.
Obwohl wir vermutlich noch etwas besser dran
sind als z.B. Frankreich/Paris.

Ein Asylant aus Aserbaidschan sticht einen Türken nach einem Saufgelage und anschließenden
Streit nieder.

Ein Mann aus Ex-Jugoslawien will mit anderen in eine Disco, wird vom Türsteher abgewiesen, fährt fort, holt sich eine Waffe und streckt den Türsteher mit elf Schüssen nieder.
Nein, falsch; es haben einige nur die Türe neben dem Mann getroffen, der lebensgefährlich verletzt zusammenbricht.

Ihre mittelalterliche Einstellung, so genannte Ehrenbeleidigungen nur mit Gewalt bzw. Blut vergelten zu können, haben in unserer zivilisierten Welt nichts verloren.
Man sollte diese ganzen „Komplexler" in ihre Heimat zurückschießen.
Solche Typen als Menschen zu bezeichnen, ist eine Beleidigung aller Wirklichen.
Mensch ist man, wenn man sich auch so gibt und benimmt, nicht nur annähernd so aussieht.

Es hat in Österreich oft genug Unruhen und Kriege gegeben.
Zu unserem Glück nicht so oft, wie in anderen Ländern; aber daran ist unsere Mentalität, unser Verständnis für Andere und das Wissen, wie schwer man etwas aufbaut auch „schuld".
Unser jahrelanges vernünftiges Leben wird jetzt damit belohnt, dass schwachsinnige Politiker alles ins Land lassen, was rein will.
Und das ist jede Menge.

Durch unser - leider oft idiotisches und perverses - Rechtssystem, haben Asylanten - mit Rechtsbeistand - die Möglichkeit, ihre Verfahren trotz abschlägigen Bescheiden, immer wieder neu aufzurollen und so auf lange Zeit die Chance - trotz eigentlich schon lange überfälliger Abschiebung - Hier im Land bleiben zu können.

Die jüngsten Vorfälle und Unruhen in Dänemark zeigen – wie auch schon in Frankreich und anderen Ländern – dass solche Art von Krawallen fast immer mit Zuwanderung verbunden sind.
Auch in Dänemark werden Privat-PKW`s angezündet, und Anderes abgefackelt; kaputt geschlagen und gestohlen.
Immer mit scheinheiligen Gründen; immer aber mit der Lust an der Gewalt.

Fazit: raus mit ihnen; raus mit allen die so agieren und sich nicht einfügen wollen.
Raus mit denen, die unsere Gesetze, unsere Moralbegriffe und unsere Religion missachten und mit Füssen treten.
Raus mit allen, die nur Probleme machen und nichts für ein friedliches Miteinander leisten wollen.
Es kann doch nicht sein, dass wir nur den Schaden und die „Anderen" alle Vorteile haben.

16. Kapitel

Es ist kein Geheimnis mehr; es steht in allen Zeitungen; einige unserer Krankenversicherungen sind pleite.

Oh Wunder.

Es werden Hunderttausende hier versorgt, die noch nie in Österreich etwas in die Krankenkassen-Kasse einbezahlt haben.
Des Weiteren ist hier auch gleich ein Tross mitzuversorgen.
Kinder, Frau, Verwandte – die mit teils verliehenen e-cards (ist eine Karte mit den Daten des Versicherten, die aber im Normalfall nicht nachgeprüft werden und können und mit der man ärztliche Hilfe ambulant oder stationär - z.B. im Spital – in Anspruch nehmen kann).
So ist es nicht weiter verwunderlich, dass die Kosten explodieren während immer weniger in die Kassen hinein kommt.
Wir gehen also durch unsere Gutmütigkeit Ausländern, Asylanten und Zuwanderern gegenüber selbst „den Bach hinunter".

Zudem haben wir jetzt auch nicht selten ein gefährliches Umfeld.
Sei es durch Diebstähle und Einbrüche, die sich in den letzten Jahren schlagartig vervielfacht haben;

oder durch Gewaltdelikte, bei denen gezielt auf
Leib und Leben eingewirkt wird.
Das haben unsere Jungen nicht verdient und unsere „Alten" erst recht nicht.
Die haben sich sicher - und mit Recht - einen anderen Lebensabend erwartet.
Immerhin haben die meisten von ihnen ihr Leben
lang gearbeitet; um jetzt allerdings Angst haben
zu müssen, dass alles umsonst war.
Und das - wie schon erwähnt - wegen Leuten, die
hierher kommen, nur fordern, eine permanente
Gefahr darstellen und von unseren Politikern -
vielleicht im Hinblick auf eine potentielle Wählerschaft - noch hofiert werden.

17. Kapitel

Jetzt ist es endlich soweit.
Die Schengen-Außengrenzen wurden verlegt und unsere Grenzen Richtung Osten geöffnet.
Laut unseren Politikern leben wir jetzt viel sicherer.
Offenbar unterstellen sie uns, so blöd zu sein, wie sie sich stellen.
Ich kann doch nicht eine Haustür offen lassen und den Eintritt für jedermann frei zu machen und gleichzeitig voraussetzen, dass daraufhin niemand mehr herein möchte oder kommt.
Die Fehleinschätzung dieser Annahme hat sich schon gezeigt, indem Mengen von Asylanten - aus sicheren Staaten – ins Land strömen, obwohl bereits in anderen Ländern Anträge eingereicht wurden und sie alle in diesen Ländern auf einen Bescheid warten müssten.
Aber wozu die Umstände.
Nachdem jetzt jedermann ins Land kann, wird hier unter angenehmeren Bedingungen gewartet.
Am schönsten unter dem Schutz der Grünen, die sich nicht zu blöd sind, für jeden auch straffälligen Asylwerber einen Stab zu brechen, aber auf die eigene Bevölkerung sch.......
Das also ist unter grün zu verstehen.
Früher haben sie sich für die Umwelt stark gemacht. Heute dafür.
So ändern sich die Zeiten.

Unsere Politiker - in dem Fall speziell in Österreich - fahren, obwohl von der Bevölkerung gewählt, über diese drüber wie ein Unwetter.
Wir werden nicht mehr zu auch noch so wichtigen Themen befragt, weil wir sowieso zu blöd sind, diese zu verstehen und außerdem könnten wir ein Bremsstein für die EU sein.
Das ist etwas, das in jedem Fall vermieden werden muss.

Es hat sich gezeigt, dass bei vorangegangenen Wahlen, die Bevölkerung zwar immer mit den Politikern bzw. mit der gemachten Politik unzufrieden war, aber offenbar doch nicht so, dass diese Parteien endlich einmal für ihre Lügen, die sie vor einer Wahl verbreiten und hinterher nie einhalten, bestraft werden.
Warum das so ist, versteht vermutlich fast niemand.
Entweder sind die Leute zu bequem oder zu fest in alten Schienen und Ansichten verwurzelt; oder ...?
Offensichtlich herrscht der Irrglaube, dass beim nächsten Mal doch aller besser werden wird.
Politiker können einen doch nicht ewig anlügen.
Doch!!!
Sie können und sie tun es, solange sie die Gelegenheit dazu bekommen.
Natürlich ist es ein Risiko, eine andere Partei groß zu machen, die eine radikale Änderung vieler Missstände verspricht.

Möglich, dass sie nach der Wahl ebenso wie die
bis jetzt etablierten Parteien, ihr Wahlversprechen
bricht.
Möglich aber auch, dass es nicht so ist und sich
doch einiges zum Guten ändert.
Ohne es einmal zu versuchen, werden wir es nie
erfahren.

Eines steht fest; die derzeit amtierenden Leute
sind großteils zum vergessen – falls uns das je-
mals gelingen sollte.

Die meisten haben ja auch vergessen, dass uns
bzw. – besonders den Pensionisten - erklärt wur-
de, nur ein EU-Beitritt würde die Pensionen und
Arbeitsplätze sichern.
Jeder würde sich ATS 1.000,-- sparen; usw.
Dass dieses alles Lügen waren, haben wir schon
leidvoll feststellen müssen.
Die Pensionen sind nicht gesichert; die Kranken-
kassen haben kein Geld mehr; alles ist teurer ge-
worden.
Es gibt auch nicht mehr Arbeitsplätze.
Im Gegenteil. Große Firmen verlegen ihre Werke
in Billigländer.
Das Teurer-Werden begann schon binnen kürzes-
ter Zeit nach der Umstellung von - in unserem Fall
– ÖS/ATS auf Euro.
Ein sofortiger Preisanstieg von fast 40% !!! war
die Folge.

Fachleute haben das natürlich sofort widerlegt, allerdings nur verbal; einen Beweis, dass es nicht so ist, konnte keiner erbringen.

Und was hat die Bevölkerung getan? Richtig!
Brav die Lügenparteien und deren Vertreter wieder gewählt.
Die Leute, die uns das alles vorgelogen haben, wurden nicht mit nassen Lappen aus ihren Posten und am besten außer Landes gejagt.
Sie sitzen weiter am Futtertrog – vielleicht jetzt schon in anderen Ämtern – und verdienen sich dumm und dämlich und in jedem Fall für ihr Können und Wissen zu viel.

18. Kapitel

Ein gravierendes und immer größeres Problem
sind Asylanten, Emigranten, Migranten und deren
Sympathisanten.

Es ist längst klar, dass die meisten der hereinströ-
menden Fremden, reine Wirtschaftsflüchtlinge
sind.
In fast allen Herkunftsländern besteht keine Ge-
fahr einer politischen oder ethnischen Verfolgung.
Einer strafrechtlichen in vielen Fällen sehr wohl.
Aber das fällt ja bei uns - und besonders bei den
Gutmenschen - nicht ins Gewicht.
Das waren ja nur die tristen Lebensumstände in
deren Heimat.
Auch Österreich musste nach dem Krieg wieder
aufgebaut werden und die Menschen hier haben
das vorzüglich erledigt.
Ebenso wie die Deutschen.
(Natürlich auch viele andere Länder haben diese
sicher schwierige Aufgabe bestens gemeistert).

Aber jetzt kommen Leute, die sich ins gemachte
Nest setzen und ohne ihrerseits etwas zum
Wohlstand der schwer erarbeitet wurde, beizutra-
gen, aus dem Vollen schöpfen wollen.
Und unsere Politiker lassen das zu.

Wer sich erlaubt, dagegen aufzulehnen, ist logischerweise ein Ausländerfeind und Rassist.
Das ist das einzige, was diese Schwachgeister ins Treffen führen können.
Logische Argumente können natürlich nicht vorgebracht werden. Es gibt auch keine.
Es wird Populismus betrieben; in einer Art, wie er bei Anderen, die aufs Wohl der einheimischen Bevölkerung bedacht sind, auf schärfste verurteilt wird.

Unsere deutschen Nachbarn sind - zumindest teil- und ansatzweise - schon weiter als wir in Österreich.
Wie der Spiegel berichtet, zerbricht man sich dort schon den Kopf über Ursachen und Wirkung bzw. Möglichkeiten, was gegen die „Migration der Gewalt" zu tun sei.

Es kann doch nicht sein, dass Fremde in unsere Länder strömen, sich hier bedienen und aushalten lassen und als Dank bestehlen und überfallen sie uns, tun uns Gewalt an, zerstören oder verbrennen unser Eigentum.
Die idiotischen Argumente der schon oft Genannten, dass diese Leute ja keine Perspektiven haben und deshalb so agieren, ist typisch für deren Ansichten und Gesinnung.

Wenn jemand gegen den Staat protestieren möchte, hab ich - wenn es sich um Ausländer handelt –
auch kein Verständnis dafür.
Sollen sie dort protestieren, wo sie herkommen.
Das trauen sie sich aber nicht.
Hier können und dürfen sie, ja werden sogar noch
von „Dummmenschen" unterstützt.
Die ganzen Proteste und Demos bringen natürlich
auch nichts
Was sollten sie auch hier für einen Erfolg haben?
Was aber kann der Normalbürger dafür?
Der, der sich in meistens schwerer Arbeit etwas
aufbaut oder sich ein Auto kauft und es dann in
Flammen aufgehen sieht.

Wen darf es wundern, dass er nicht nur die, die
vorsätzlich dafür verantwortlich sind, sondern
auch die, welche so etwas durch ihre Politik zulassen und fördern, mit einem nassen Lappen außer
Landes treiben möchte.

Aber hier ist wieder ein Unterschied in den Anschauungen und in weiterer Folge auch in den
staatlichen Sanktionen – Rechtsprechung.
Die Fremden dürfen das alles – demonstrieren,
kaputt machen, uns an Leib und Seele verletzen.
Wir dürfen uns aber nicht straffrei wehren.
Nein; nicht einmal das.
Wir müssen auch noch die andere Wange hinhalten.

Statt uns des Passus in der Bibel zu besinnen, der
da heißt „Auge um Auge".
Uns sind nicht nur durch unsere Mentalität son-
dern auch durch die Gesetze die Hände gebunden.
Wir berufen uns auch nicht auf ein religiöses
Buch, das wir bewusst falsch interpretieren, und
damit alles entschuldigen.
Die sind halt anders und das müssen wir akzeptieren.
Nein !!!
Müssen wir nicht.
Es ist hoch an der Zeit, dass die Bevölkerungen
der betreffenden Länder aufwachen und etwas
gegen diese Spirale der Gewalt tut.
Sie zerschlagen.
Alles, was sich in unseren Landen gewalttätig
oder strafrechtlich verfolgbar benimmt, ohne
wenn und aber, rausschmeißt.
Und wenn die Grünen dafür immer wieder Verständnis zeigen und das noch fördern – die gleich
mit.
Sollen sie versuchen wie weiland die Juden, einen
eigenen Staat zu gründen; in diesem Fall einen
für Abschaum und Hirnlosigkeit.

Wenn wir in Österreich und Deutschland, aber
auch in Frankreich, Dänemark, und auch z.B.
England, nur annähernd die Mentalität der „Zuwanderer" hätten, würden die - wie in einigen

ihrer Heimatländer - entweder hingerichtet, auf ewig eingesperrt oder schlicht gelyncht werden.

Für Gewalt und Verbrechen gibt es keine Entschuldigung – außer die nötige Gewalt bei der Verteidigung!

Aber wenn nicht bald etwas passiert, wird es zu spät sein.
Natürlich hätten die Politiker schon längst reagieren müssen und sich nicht von einem Häufchen hirnloser „Gutmenschen" vorhalten lassen, dass jede vernünftige Maßnahme ausländerfeindlich, rechtsradikal und in keinem Fall mit irgendwelchen Menschenrechten vereinbar ist.
Wohl aber alles was dieses Gelichter bei und anstellt.
Da wird – wie schon erwähnt – alles toleriert und entschuldigt.
Wo ist die Verantwortlichkeit unserem Land gegenüber, den Leuten gegenüber, die diese Parteien gewählt haben.
Ich unterstelle diesen Personen nochmals Staatsfeindlichkeit, Korruption, Agitation, Landesverrat.

19. Kapitel

Natürlich sind dabei solche verbalen Entgleisungen wie bei der Wahlrede in der Steiermark/Graz weder gescheit noch zielführend.
(Wie erinnerlich ein verbaler „Angriff" auf u.a. Mohammed).

Es ist für uns sicher nicht nachvollziehbar, wenn alte Männer Kinder heiraten.
Vor kurzem war ein Foto von solchem Missstand in den Zeitungen.
Ein fast 80 jähriger heiratet eine 11 jährige.
Wenn das nicht der Gipfel der Perversion ist, was dann.
Im Normalfall würde er als Pädophilier abgeurteilt.
Aber da werden natürlich andere Mentalitäten und ethnische Anschauungen ins Treffen geführt, statt die Sache beim Namen zu nennen.
Dort ist das eben so üblich und das muss man akzeptieren.
Wenn in einem Land üblich ist, Kinder zum Sex zu zwingen und das wird gefilmt = Kinderpornos; muss und wird das dann auch akzeptiert werden?
Nur weil es dort üblich ist?

Aber die Grünen finden das sicher völlig normal und in Ordnung.

Es gibt und sollte natürlich überall Grenzen ge-
ben.
Wo bleiben hier die Menschenrechte? Wo der
Schutz eines Kindes?

Die gleichen Personen, die einen jugendlichen
Deutschen monatelang einsperren, weil er angeblich ein junges Mädchen (englisch) belästigt hat,
finden diese Perversion als in Ordnung!?

Wie viele Selbstmorde und Morde hat es auch
schon in unseren Ländern gegeben, weil sich
Mädchen oder Frauen nicht zu Verbindungen
zwingen lassen wollten.

Wo bleiben hier die Menschenrechte?

Die Schlussfolgerung aus dem Ganzen kann nur
sein, dass wie immer mindest mit zweierlei Maß
gemessen wird.
Es ist alles scheinheilig, verlogen, kriecherisch.

Ja nichts tun, was unsere andersgläubigen Invaso-
ren verstimmen könnte.
Die dürfen auf unsere Kirche sch... und an unsere
Kirchentüren pissen.
Und dürfen ungestraft hier weiterleben.

Wir sind tatsächlich Ungläubige.
Gewürm ohne Rückgrat.

Wir lassen alles mit uns machen.
Angefangen von unseren eigenen – von uns gewählten – Politikern, bis über alles zugewanderte fremde Volk.
Wir sind nicht stark in unserem Glauben und offenbar auch zu schwach in unserem Bewusstsein.
Wir reden uns ein, dass wir die besseren, gescheiteren, tüchtigeren, toleranteren und als Hausherren auch stärkeren Menschen sind.
Aber das ist eine Schimäre.
Wir sind schon lange nicht mehr Herr im eigenen Haus.
Wir haben uns entmündigen lassen und die meisten haben noch fröhlich zugestimmt.
Unsere Politiker haben uns entmündigt und erniedrigt; die Fremden machen es auch.
Noch dazu mit Hilfe unserer Landsleute.

Da sind doch andere Staatsoberhäupter anders.
Das türkische Staatsoberhaupt kommt und fordert.
Siehe Deutschland.
Eine Frechheit und Arroganz sondergleichen.
Und dieses Land möchte in die EU.
Vermutlich erfolgreich.

Es ist wirklich Zeit aufzuwachen.
Noch etwas zu tun, solange noch eine kleine Möglichkeit und Chance besteht, Österreich nicht zu einem religions- und mentalitätsmäßig fremden

Land zu machen, in dem wir selbst nichts mehr
verloren haben.

Landsleute, Nachbarn, Betroffene; hebt eure Hintern und tut etwas.
„Raunzen" allein genügt nicht. Dadurch wird sich
nichts ändern.
Die Alten sollten überlegen, wofür und für wen
sie das alles aufgebaut haben.
Die Jüngeren, in welchem Land ihre Kinder auf-
wachsen sollen.
Die Jungen sollten darüber nachdenken, dass das
alles kein Urlaub in einem fremden Land ist, wo-
von wir wieder heimfahren können.
Das Fremde wird unser Land sein.
Vermutlich dann eben nicht mehr.
Aussagen von Zugewanderten zufolge, werden
wir in Bälde nichts mehr zu reden haben.
Ich fürchte das auch.

Trotz dem allen bin ich kein Ausländerfeind.
Ich habe Bekannte - Zugewanderte - aus den un-
terschiedlichsten „Lagern" und Ländern.

Es gibt natürlich, wie überall, auch Menschen, die
in Ordnung sind.
Sie arbeiten oder versuchen es zumindest.
Lernen die Landessprache.
Sie behandeln ihre „Gastgeber" nicht als minder-
wertiges Pack.

Mit anderen Worten, sie integrieren sich.
Die Realität und Regel ist aber, dass dieses der
leider geringere Teil der Leute ist, die ins Land
kommen.
Die meisten sind integrationsunwillig und zeigen
das auch.
Sei es durch ihre Kleidung, durch ihre Art, durch
ihre Sprache - die sie nicht zu ändern wünschen -
und durch Gruppen- bzw. Ghettobildung.
Man bleibt unter sich.
Da kann man sich unterhalten ohne eine fremde
Sprache zu lernen. Man braucht seine Art nicht
anzupassen.
Von den Leuten mit denen man zu tun hat, erwartet man sowieso, dass sie einen verstehen, egal in
welcher Sprache man seine Forderungen vor-
bringt.
Denn meistens ist es nichts anderes.
Diese Leute hegen ja nicht den unbedingten
Wunsch, hier zu arbeiten oder für ihr Leben was
zu leisten. Da hätten sie ja gleich zu hause bleiben
können.
Der Großteil, der zu uns Kommenden, ist eigentlich unter(st)e Schublade.
Sie haben in ihrem Land nichts erreicht und werden hier nichts erreichen.

Grund ist natürlich teilweise die Bildung, die Einstellung und vieles andere noch ins Gewicht fal-
lende.

Es geht nicht um die Möglichkeiten allein, sondern um den Willen sie zu nützen.
Das ist Mentalitätssache. Da ändert auch ein anderes Land nichts.
Wie schon erwähnt, gibt es natürlich auch welche, die durchaus willig sind, neues und mehr anzunehmen, welche, die wirklich nicht über die nötigen Möglichkeiten in ihren Herkunftsländern verfügen.

Doch eines muss ich revidieren.
Die Behauptung, dass sie hier nichts erreichen.

Viele fahren schon nach kürzester Zeit tolle Autos, haben die neuesten Handys, tragen Marken-Klamotten und die Wohnungen sind auch schon lange nicht mehr Sub-Standard.
Sie haben fast alles. Außer vielleicht einer Beschäftigung.
So fragt sich natürlich der gelernte und etwas dumme Inländer, wie sie sich das alles wohl leisten können.
Er selbst muss arbeiten gehen; seine Frau dito.
Dann dauert es oft noch Jahre bis man soweit ist.
Also; was machen wir falsch?

.Aber es ist schon so; da kommen die meisten in dem Glauben, in einem Schlaraffenland ihre Zukunft zu verbringen.
Und leider trifft es ja auch großteils zu.

Dafür sorgen schon unsere Politiker, dass der
Staat alles tut, um denen das Leben so leicht und
angenehm wie möglich zu machen.

Leider bleiben dabei unsere eigenen, wirklich
Armen, auf der Strecke.
Und davon gibt es immer mehr.
Für die ist nämlich kein Geld da.
Man kann das Füllhorn ja nicht über alle ausschüt-
ten.
Warum gerade über die und nicht über „uns" wird
uns ja nicht verraten.
Möglicherweise wird mit einer eventuellen zu-
künftigen potentiellen Wählerschar geliebäugelt.

Nachdem unsere Pensionisten wieder einmal feststellen mussten, wie viel auf die Aussagen der
zuständigen Politiker zu geben ist, kann man nicht
davon ausgehen, dass die Menschen ein interes-
santes Wählerpotential darstellen.

20.Kapitel

Bei Gemeinderatswahlen in Graz ist wie schon erwähnt, ein absolut unnötiger „Sager" von einer FPÖ-Kandidatin gekommen.
Natürlich kam daraufhin von den anderen Parteien sofort eine Reaktion.
Das ganze sei inakzeptabel, unterste Schublade, provokativ, Populismus, verurteilenswert.
Die FPÖ gehört verboten.
Wie erinnerlich, hat die betreffende Person eine negative Äußerung über den Propheten Mohamed gemacht.
Das hat überall hohe Wellen geschlagen.
Natürlich ist es indiskutabel, andere Religionen zu beleidigen.
Es ist aber natürlich auch unentschuldbar, wenn der Islam unsere Religionen verteufelt.
Aber das ist etwas, das ohne wenn und aber hingenommen wird.
Besonders ins Zeug legen sich hier die Roten und Grünen. Natürlich.
Die Grünen sind sowieso schon eine Ausländerpartei, die nur mehr Interessen von Asylanten, Emigranten und Kriminellen aus dem Ausland vertritt.
Der Österreicher wird von dieser Un-Partei beleidigt und beschimpft.
Wie kann man für Österreich eintreten.
Für diese Leute unbegreiflich.

Stolz auf dieses Land sind nach ihrer Meinung nur
„Rechte" und Idioten.
Immer mehr zeigt sich auch in den Leserbriefen in
unserer auflagenstärksten Tageszeitung, dass die
Österreicher genug von dieser Partei und ihren
selbstherrlichen Vertretern hat.
Nichts desto weniger ist es schon verwunderlich,
dass noch immer ein relativ großes Wählerpoten-
tial für diese Partei stimmt.
Ich möchte nicht meine Mitmenschen beleidigen,
weil jeder seine Meinung haben darf und soll.
Aber ich frage mich schon, wes Geistes diese Leu-
te sind, wenn sie diese Partei noch unterstützen.
Davon abgesehen, muss auch festgestellt werden,
dass Gewaltbereitschaft bei Demonstrationen bzw.
Gegendemonstrationen fast ausschließlich von rot
und grün ausgeht; Autonomen; selten als Links-
Radikale bezeichnet.
Aber radikal sind diese Leute ohne Frage.

Ich nehme an, dass bei den Menschen hier schon
eine Politikverdrossenheit herrscht und sie eigentlich keine Lust an Wahlen als solches haben.
Die Grünen haben noch nicht viel Gelegenheit
gehabt, wirklich etwas zu verbocken, weil sie
noch nicht Regierungsgewalt hatten.
Also ist das vielleicht für Viele eine Alternative.
Obwohl schon - wie erwähnt - das Parteipro-
gramm eher eines für Ausländer und Zuwanderer
ist, denn für „Einheimische".

Vor einigen Tagen war wieder ein „erfreulicher"
Vorfall, den eine Mutter sorgenvoll geschildert
hat.
Ihre zwei - minderjährigen – Söhne wurden
grundlos von etwa 15 türkischen Jugendlichen
zusammen geschlagen. Einer liegt im Spital.
Sie hatte ihre Kinder immer ausländerfreund-
lich(!) erzogen.
Sieht aber durch solche Zwischenfälle die Gefahr
gegeben, dass sich Österreichische - und wahr-
scheinlich auch z.B. Deutsche – mit einem „rech-
ten" Lager anfreunden bzw. sympathisieren.
Junge Türken treten hauptsächlich in Rudeln auf.
Alleine sind sie natürlich bei weitem nicht so stark
und auch mit dem Maul nicht so locker.
Aber bei 15 gegen 2. Oder wie in Deutschland
zwei gegen einen alten Mann – Pensionisten.
Das geht dann schon.
Da ist die Gefahr, dass sie selbst eine auf die
Schnauze bekommen nicht groß.

Bei einem Zwischenfall, den ich selbst erlebt habe, konnte ich den „Mut" von diesen Typen be-
wundern.
Nachdem ich in einer schmalen Gasse warten
musste, weil vor mir wer - langsam – abbog, wurde ich von einem Wagen, der erst hinter mir war
und mich dann überholte und sofort bremste, eine
ganze Weile behindert. Bei einer Kreuzung mit

Rot, stiegen dann 4 Burschen aus kamen zu meinem Auto und beflegelten mich.

Da ich nicht wirklich der Typ bin, der sich schuldlos in eine unterwürfige Position begibt, schrie ich zurück und sagte ihrem Anführer auch, dass er offenbar alleine zu feige sei, sich zu stellen.

Er redete dann mit den anderen und zwei gingen zum Wagen zurück.

Ich war in seinen Augen ein Arschloch - auch wenn sie sonst nicht deutsch können, schimpfen können sie immer als erstes - das nicht fahren kann.

Vermutlich hätte ich den Wagen vor mir wegschieben sollen.

Die Straße hatte nur zwei Fahrspuren, eine in jeder Richtung.

Ein paar Rempeleien und mein Versprechen, dass, wenn er sich nicht sofort in seinen Wagen setzt und losfährt, er von sich aus nirgends mehr hinkommen werde, brachten die Situation dann zu einem Ende.

„Gerempelt" bzw. gestoßen habe nicht ich!

Aber laut Gesetz habe ich natürlich eine gefährliche Drohung ausgesprochen.

So sieht es nämlich in der Realität aus.

Ich wäre bei dementsprechender Zeugenaussage straffällig, diesen Typen würde nichts passieren.

Nicht einmal die Tatsache, dass vier gegen mich waren, würde viel nützen.

Ich glaube, das einzige was diese Typen verstehen, auch nur Gewalt und Brutalität ist.
Wenn die Gefahr besteht, dass sie selbst was abbekommen, sind sie wie schon erwähnt, bei weitem nicht so „groß".

Anders ist es offenbar bei Kämpfen untereinander, wo schon auch Messer und andere Waffen eingesetzt werden.
Man muss auch einmal gesehen haben, wie sie sich gegenseitig beglückwünschen und auf die Schulter schlagen nach irgendwelchen erfolgreichen Gewaltaktionen.
Deshalb alleine schon, sollte man ihnen nicht das Gefühl lassen, eine Stätte als „Sieger" zu verlassen.
Vernunft hin oder her.

Aber von solchen Zwischenfällen können vermutlich viele berichten.
Unsere Mädchen sind für diese Burschen überhaupt Freiwild.
An Ihre dürfen sie durch den Glauben nicht ran, deshalb glauben sie, sich bei unseren Gefahr-und Straffrei bedienen zu können.
Leider sind einige von den Mädels blöd genug, sich mit diesen Typen einzulassen, was sie natürlich in deren Augen nur noch minderwertiger macht.

Das Fazit ist, dass hauptsächlich im zwischen-
menschlichen Bereich mit „Ausländern" und hier
wieder besonders mit Türken, aber auch oft mit
Andersfarbigen, Probleme auftreten.
Von unseren Politikern und besonders von den
Grünen wird das komplett negiert.
Diese Jugendlichen seien arm, weil sie keine Per-
spektiven haben und so sei es natürlich verständ-
lich, dass sie sich bei solchen Streitereien etwas
Selbstvertrauen holen.
Wie nicht anders zu erwarten: Schwachsinn pur.
Wo sollen unsere Jungen ein Selbstvertrauen her-
bekommen?
Indem sie Angst haben müssen, jederzeit überfal-
len und zusammengeschlagen zu werden?
Indem sie sich bedrohen lassen müssen und teil-
weise auch erpressen!?
In vielen Gegenden und Gebieten, trauen sich
Menschen schon nicht mehr alleine unterwegs zu
sein.
Besonders nicht abends oder nachts.
Und es wird nur schlimmer.
Schöne Zukunftsaussichten.
Und es wird nichts dagegen gemacht, nur herunter
gespielt.
Alles nicht so schlimm.

Bei uns werden immer öfter Pfarrer in Kirchen
überfallen und dann bestohlen bzw. die Kirchen
geplündert.

Übrigens ein „schöner" Anstieg seit Öffnung der Grenzen.
Die meisten Menschen können heute schon von Überfällen, Einbrüchen, Diebstählen und anderen Verbrechen berichten, wo sie selbst die Geschädigten waren.
Und dann will man uns verkaufen, dass wir in einem sicheren Land leben.

Mir selbst wurde schon einige male ein Auto aufgebrochen, obwohl es eigentlich nichts zum Stehlen gab.
Ein Wohnungseinbruch zählt ebenso zu meinen Erlebnissen wie bestohlen worden zu sein.
Jahrzehnte vorher ist nicht so viel passiert – meine Person betreffend - wie z.B. im letzten Jahr.
Aber rundum gibt es „Schauermeldungen".
Eine noch nie da gewesene Anzahl von Strafdelikten und schlimmster Brutalität bei diesen.

Aber es ja alles nicht so schlimm.

21. Kapitel

Aber nicht nur beim Thema Ausländer, Asylanten,
Kriminalität, etc. glänzen viele unserer Politiker.
Es gibt auch noch anderes, welches nicht nur uns
Österreicher sauer aufstößt und seit fast Beginn
ein immer größer werdendes Problem darstellt.

Das Thema, um welches es hier gehen soll, lautet
EU.
Für viele schön langsam ein Synonym für Ent-
rechtung, Meinungs- und Entscheidungsverlust.
Aufgabe vieler seit langen Zeiten gehabten Beg-
riffe, Bezeichnungen, Namen.
Souveränität, Neutralität und vieles mehr ist auf
der Strecke geblieben.

Alles fällt dem Willen und den Launen derer, von
der EU zum Opfer.
Unsere – meisten – Politiker übertreffen sich im
Opfern aller verlangten Gaben.

Auf das Volk wird hier - wie immer - nicht ge-
schaut.
Das hat zu akzeptieren, was für es getan wird.
Mag es das Schlechteste und Blödeste sein.
Wir sind sowieso zu dumm, etwas entscheiden
oder beurteilen zu können.
Wir sind entmündigt.
Von unseren bei der EU buckelnden Politiker.

Wir haben offenbar einen alles überdeckenden
neuen Glauben mit der Stammkirche in Brüssel.

Dort sitzen die Götter.

Viele gehören eigentlich für das was sie schon
getan haben an ein Kreuz genagelt.
Aber keiner hat es bis jetzt getan.

Es gibt ein paar Nettozahler.
Das sind die Staaten, denen es so gut geht, dass es
besser gar nicht sein könnte.
Dann gibt es die, welchen es offiziell nicht so gut
geht, aber durch die Tatsache, dass sie von der EU
jede Menge Geld bekommen, geht es ihnen sicher
nicht schlechter als uns.
Nur uns wird es bald schlecht gehen, weil es natürlich nicht sein kann und unrealistisch ist, dass
ein paar wenige den Großteil erhalten sollen. Wie
soll so etwas gehen?
Und der „Wasserkopf" des Ganzen verbraucht an
Kosten sowieso Unsummen.
Es werden immer mehr Leute, die im EU-Apparat
gut leben, ohne etwas Sinnvolles zu leisten.
Da wird ein Problem dadurch gemacht, dass man
sich über den Biegungswinkel von Bananen den
Kopf zerbricht und blödsinnige Vorschriften und
Gesetze beschließt.
Aber etwas Lebensnotwendiges und Sinnvolles
schafft keiner dieser Leute.

Da wird auch normalerweise das hin verschoben,
was im Lande nicht gebraucht wird oder nicht
willkommen ist. An menschlichem Material.
Aber dafür gibt es jede Menge Geld.

Es darf angenommen werden, dass sich die meisten von der EU andere Vorstellungen gemacht
haben und anderes erwarteten.
Heute ist die EU wie ein nimmersatt werdendes
Ungetüm, dass immer mehr Länder in sich hinein-
schlingen möchte.
Obwohl eigentlich von Start weg gewisse Krite-
rien zu erfüllen waren, ist man das betreffend,
heute schon sehr nachsichtig.
Die meisten neuen Mitgliedsländer erfüllen die
Standards nicht und werden trotzdem aufgenom-
men.
Ein paar wenige Länder sind die schon oben er-
wähnten „Nettozahler" und müssen so einen
Großteil der neu hinzugekommenen mit erhalten
bzw. finanzieren.
Schon fast perverser Weise müssen die Nettozah-
ler den Mund halten und zahlen, während neu
Hinzugekommene gleich teilweise unverschämte
Forderungen stellen, die auch noch durchgehen.
Da muss man sich schon an den Kopf greifen und
fragen, was da eigentlich läuft.

Abgesehen von Großkonzernen haben die meisten
anderen nichts von der EU.

Zumindest in unseren Landen – Deutschland, Österreich.

Es gibt zwar eine Einheitswährung, aber nicht überall in Europa.

Die Grenzkontrollen sind passe; was für uns alles andere als ein Vorteil ist.

Gut, die Grenzwartezeiten fallen weg.

Dafür aber auch eine relative Sicherheit im Land.

Jetzt kann diebisches Gesindel ungehindert ins Land strömen und sich hier wie in einem Einkaufszentrum ohne Kassen bedienen.

Und das tut es auch.

Das leidige Geldwechseln ist auch nicht mehr nötig.

Aber eben nicht überall.

Die Kosten, die man sich dabei spart, schlagen sich anderweitig nieder; durch Preisanstiege, die ihresgleichen suchen.

22. Kapitel

Jetzt zu etwas ganz anderem.

Der jährliche Opernball steht ins Haus.

Und mit ihm wird wieder Radau und Krawall erwartet.

Es sind Linksradikale - also nicht die ach so gefürchteten Rechtsradikalen - die immer wieder für Ausschreitungen und Übergriffe sorgen.

Früher hat man sie ja nur Autonome genannt.

Klingt ja auch schöner. Radikal hat immer etwas von Gewalt in sich.

Aber seit Jahren nennt man die Sache und dieses Gesindel auch beim richtigen Namen.

Es sind teilweise Berufs-Demonstranten und Randalierer, die u.a. von Deutschland nach Österreich kommen.

Man könnte sich natürlich fragen, was Deutsche der Wiener Opernball angeht.

In einer Weise, dass so gewalttätig demonstriert bzw. randaliert wird.

Aber es geht ja nicht um den Opernball als solches, sondern um einen Anlass, wieder einmal frisch und frei und ohne Angst vor Konsequenzen, alles kurz und klein schlagen zu können.

Vor ca. einer Woche war in der Wiener Hofburg ein Ball, bei dem auch Burschenschafter teilnahmen.

Es war ein Studentenball bzw. von der Uni.

Da hat es auch was gegeben.
Autos, Geschäfte, und vieles andere wurden aufs
schlimmste beschädigt.
Ist ja auch klar.
Man weiß ja welche Gesinnung Burschenschafter
haben; oder nicht?
Das sind miese Rechte.
Sie tun zwar niemanden etwas; gehen nur in quasi
Uniform zum Ball. Aber das genügt ja auch.
Ich frage mich schon, wer da verurteilenswert ist.
Personen, die ihre Tradition hochhalten und nie-
manden ein Leid antun; oder solche, die jeden
Anlass zu Zerstörung wahrnehmen.
Diese gewalttätigen und geistigen linken Nullen
wissen offenbar auch nicht, dass z.B. in Deutsch-
land Burschen- und Landsmannschaften schon
„immer" zum Studentenalltag gehörten.
Ob im ehemaligen Königsberg; einer deutschen
Parade-Universitätsstadt (die heute in Russland
liegt) oder in anderen Städten.
Überall gab es sie.
In Deutschland 1815 gegründet, verbreiteten sich
Burschenschaften über ganz Europa.
Es waren Studentenvereinigungen.
Allerdings sind nur ca. 20% dieser Studentenver-
bindungen Burschenschaften.
Es gibt u.a. auch Landsmannschaften.
Natürlich auch die so genannten schlagenden
Verbindungen, denen man vielleicht - von früher

her – eine eher rechte Gesinnung nachsagen konnte.
Nicht aber aggresiv, zerstörend, o.ä.
Aber das ist auch egal.
Alles was nicht Links ist, gehört bekämpft.

Lange Zeit wurden diese Typen von der Politik verharmlost und sogar hofiert.
Langsam - und in jedem Fall viel zu spät - erkennt man die Gefahr, die von diesen Gruppierungen ausgeht.
In unseren „Breiten" - in jedem Fall aber in Österreich - geht Gewalt fast immer von Linken, selten von Rechten aus.
Das sieht man eben auch bei den Krawallen von Paris u.a.

Eine neue Spielart in Österreich sind die Grün-Alternativen.
Das ist die Jugend-Organisation der Grünen, die in letzter Zeit u.a. mit dem Slogan Schlagzeilen machte: Wer Österreich liebt, muss Scheiße sein (!).
Und dafür bekommt man in Österreich noch Subventionen.
Es ist offenbar bei diesem „Gesocks" in, das Heimatland in- und von dem man nicht schlecht lebt, in die Sch..... zu treten.
Da darf es einen eigentlich nicht verwundern, dass Zuwanderer in das gleiche Horn stoßen; in der

Gewissheit, dafür noch vom solchermaßen beleidigten Land Geld und vielleicht bald die Staatsbürgerschaft zu bekommen.
Auf die Letztgenannte wird ja sowieso nur aus einem Grund wert gelegt; weil man es dann noch leichter hat, alle Annehmlichkeiten die dieser Staat zu bieten hat, zu erlangen.
Ein kleines Beispiel dafür ist das nachfolgende. Wenn ein Bewohner einer Wohnung eine Satellitenschüssel am Haus bzw. dessen Dach befestigen möchte, wird das nicht selbstverständlich vom „Hausherrn" gestattet.
Das österreichische Fernsehen kann man auch anders empfangen.
„Neuösterreicher" bekommen aber grundsätzlich die Erlaubnis.
Nach EU-Recht, muss es ihnen nämlich möglich uns gestattet sein, die Sender ihres Heimatlandes empfangen zu können.

Für mich und sicher viele andere ist verwirrend, welche Sender das wohl sein mögen.
Wenn die Personen Österreicher sind, sollte man doch annehmen, dass dieses jetzt ihr Heimatland ist. (Nicht ihr Ursprungsland).

So wird auch von der Politik alles getan, eine Kluft zwischen den Zuwanderern - die in den meisten Fällen ja tatsächlich nicht integrationswillig sind - und den Leuten, die dieses Land nach dem Krieg wieder aufgebaut haben und auch den Jüngeren, die eben von Geburt an Österreicher sind, aufzureißen.

Diese wird dann eben nicht nur durch den Glauben – z.B. Kopftuch; in einem österr. Bundesland wurde für die Schulen eine Verordnung erlassen, dass andersgläubige Mädchen beim Turnen ihr Kopftuch tragen dürfen und beim Schwimmen - wenn Jungen dabei sind – einen Ganzkörper-Badeanzug; sondern auch die zunehmende Gewalt, die hauptsächlich von jungen Türken ausgeht – verstärkt.

Ein Aufschrei war die Folge des Erlasses.

In der Türkei will der neue Präsident das bestehende Kopftuchverbot u.a. an Universitäten zu Fall bringen (seine Frau trägt ja bekanntlich auch Kopftuch) und wird dafür mit Protestkundgebungen belohnt.

Bei uns dürfen diese Leute also viel mehr, als in ihren Herkunftsländern.

Kein Wunder, dass es sie alle herzieht.

Es ist wie das sprichwörtliche Schlaraffenland.

Ohne viel dazu beizutragen, kann man hier - aber auch in anderen Ländern; wie z.B. Deutschland - gut leben.

Die Gewaltakte hauptsächlich junger Türken nehmen hierzulande sehr zu- bzw. überhand.

Meistens ins Gruppen auftretend, wird auch ohne Anlass Terror und Gewalt ausgeübt.

An Schulen spitzt sich die Lage immer öfters besorgniserregend zu.
Hier werden andere Schüler bestohlen, geschlagen und anschließend noch bedroht und erpresst.
Falls sie es weitersagen oder eine Anzeige gemacht wird, werden sie umgebracht.
Auch Schutzgeldzahlungen sind angesagt.
Ist schon toll.
Dass es unter diesen Umständen immer mehr österreichische Schüler gibt, die sich nicht mehr in die Schule zu gehen trauen, ist fast klar.

Aber auch die schon erwähnte Ausländerkriminalität nimmt besonders seit Fallen der Grenzen dramatisch zu.
Die Verbrecher nehmen es immer öfters in Kauf, dass sie bei ihren Einbruchstouren, auch die Bewohner der Häuser oder Wohnungen antreffen.
Immer öfters werden auch Kirchen (!) überfallen, wobei hier schon einige Pfarrer nur mit Glück überlebten. (Wie schon früher erwähnt).
Auch Überfälle auf Banken, Tankstellen, Spiellokale, Postämter, Trafiken (Tabakwaren und Zeitungsverkauf), sowie auf Supermärkte sind sprunghaft angestiegen.

Natürlich hat es auch schon früher diese Art von Verbrechen gegeben.
Aber nicht mit der jetzt vorhandenen Brutalität und in der Menge.

Die Politiker sind bemüht, die ganze Sache herunter zu spielen.

Dank der Medien, kommen aber heute immer mehr Fakten ins Wissen der Bevölkerung.

Außerdem gibt es heute fast niemanden, der nicht schon in irgendeiner Form selbst geschädigt wurde oder aus dem Bekannten und Verwandtenkreis damit konfrontiert wurde.

Es ist dann im Normalfall nur eine Frage der Zeit, bis er selbst zum Opfer wird.

Das ist heute traurige Tatsache, die eben von unverantwortlichen Möchtegern-Politikern ignoriert wird.

Wenn jemand die Tatsachen aufzeigt, dass in unseren Gefängnissen schon über 50% Ausländer einsitzen - und das auch nur, weil die meisten gar nicht erst erwischt werden - wird das als Panikmache verurteilt.

Die Bevölkerung braucht nicht erst in Panik versetzt zu werden.

Der Alltag genügt heute leider schon.

Zum Ende des Thema „Ausländerproblematik“ noch ein Beispiel aus jüngster Zeit, dass vertretend für alle anderen steht und ein Grund dafür ist, warum ich Türken so oft erwähnt habe.

In einer 30er Zone (Geschwindigkeit) und einer wirklich engen Gasse fährt eine Frau, eben nicht

schneller und dazu auf der Suche nach einem
Parkplatz.
Einen aufschließenden jungen Türken war das
eine Provokation.
Einen aufgemotzten BMW – vier Auspuffrohre
(nicht original) – das Seitenfenster offen.
Vermutlich braucht er so etwas um seine Männ-
lichkeit zu unterstreichen und für sein Selbstbe-
wusstsein – dass allerdings bei diesen Typen sowieso schon ungerechtfertigt hoch ist.
Er hupte unablässig und schimpfte beim geöffne-
ten Seitenfenster hinaus. Nachdem die Frau ohne
Verzögerung eingeparkt hatte, blieb er bei bzw.
hinter ihr stehen - da hatte er also Zeit - be-
schimpfte er sie als Sch...hure und vieles andere.
Im gebrochenen Deutsch, aber eben wirklich zu-
tiefst ordinär und unflätig.

Man muss sich wirklich fragen, ob man sich so
etwas bieten lassen muss.
Ein Beispiel für viele.
Kommen hier her; sind zu hause zu Fuß unterwegs gewesen; meinetwegen auch schon hier geboren aber nichts geleistet in ihrem Leben und
führen sich gegen Bewohner des Gastlandes so
auf.

Ein Ereignis aus jüngster Zeit: Demo von Serben
gegen den Kosovo.

In Österreich; in Wien und natürlich mit Aus-
schreitungen. Polizisten wurden verletzt, Privatei-
gentum zerstört.
Wieso demonstrieren die nicht in Serbien oder im
Kosovo; wieso bei uns?
Was soll das bringen? Hier in Österreich.
Aber hier ist es natürlich praktisch.
Und die Kosten, die unserem Staat entstehen; das
Eigentum, das zerstört wurde; was interessiert das
diese Leute.
Es hat sicher auch Spaß gemacht.

Und dann wundern sich die Gut- oder besser gesagt, Blödmenschen, wieso man ausländerfeindlich wird.
Wir haben von denen genauso wenig wie von der
EU.
Nur eine Belastung und eine Einschränkung unserer Lebensqualität; im schlimmsten Fall – aber
immer öfter – die berechtigte Angst, dass uns
nicht nur verbal, sondern auch körperlich Gewalt
angetan wird.

23. Kapitel

Katastrophen werfen ihre Schatten voraus; aber die zuständigen Stellen; die, die etwas ändern müssten und könnten, wollen sie nicht sehen.
Es gab schon früher schlimme Zeiten; vor denen immer wieder gewarnt wird; sie dürften sich in keinem Fall wiederholen.
Aber viele unserer Politiker bereiten sehr intensiv den Boden, auf dem Schlimmes passieren kann und vielleicht auch wird.
EU-hörig wird im eigenen Land alles aufgegeben, und nur mehr dem Diktat aus Brüssel gefolgt.
Es ist einerlei wie die eigene Bevölkerung dazu steht.
Man hat im Moment die „Macht" und die Möglichkeiten, sich am Futtertrog zu bedienen und man tut dies ausgiebigst.
Den Kopf der EU bilden zumindest zum Teil Personen, die im eigenen Land störend waren bzw. denen man einen Versorgungsposten zuschieben wollte.
Also bei weitem nicht die Fähigsten.
Aber durch die Macht, die ihnen gegeben wurde, benehmen sie sich wie Götter; eher wie Götzen, denen geopfert werden muss.
Es werden zum Teil – wie schon erwähnt - die blödsinnigsten Regeln aufgestellt und großteils auch durchgesetzt. Man zieht in Betracht, Kritiker der EU zu bestrafen.

Was anderes als eine Art Mafia – ein „Racket" ist dieser Verein.

Von einigen wird Schutzgeld verlangt und auch bezahlt und die anderen kauft man damit.

Dazwischen bleibt genug für die immer mehr werdenden EU-Bonzen und „Mitarbeiter".

Es gibt Länder, die sich gegen das Diktat auflehnen; erfolgreich; und mehr fordern.

Eines dieser Länder ist Polen.

Kaum dabei, spielt es schon den Wichtigen.

Eine Rolle, die eigentlich Deutschland und Österreich zukommen würde; immerhin sind wir „Nettozahler". Von uns kommt das Geld, mit dem das Meiste bezahlt wird.

Aber als Dank dürfen wir die Schnauze halten.

So kann es wirklich nicht gehen.

Ein Beispiel für die so gepriesenen positiven Seiten der EU ist Nokia.

So etwas wäre früher nicht so ohne weiteres möglich gewesen.

Es wird Geld vom Staat bzw. Land kassiert und dann setzt man sich in billigere Gegenden ab.

Nur eines im Auge: Profit.

Wie viele Menschen da auf der Strecke bleiben, interessiert niemanden.

In Deutschland über 2000 Arbeitsplätze allein dadurch weg.

Das ist es, was uns die EU gebracht hat.

Bessere Möglichkeiten für große Unternehmen. Leichteres Geld für jene, die sowieso schon genug haben.
Einige Jahre gutes Geld und relative Sicherheit für die Politiker und anschließend einen Posten als Aufsichtsratsvorsitzender und vielleicht als EU-Politiker.
Und was hat das Volk; was hat der „kleine" Mann davon.
Eine Einheitswährung, die allerdings nicht von allen benützt wird und in Zeiten von Fernreisen sowieso nur einen bedingten Vorteil bringt.
Das leidige Geldwechseln fällt weg und auch die Kosten dafür. Dafür ist aber mit Einführung des Euro eine Teuerung eingetreten, die einen etwaigen Vorteil beim nicht mehr benötigten Geldwechsel bei weitem übersteigt.
Und was den Wegfall der Grenzen und Kontrollen betrifft, die dadurch keinen Stau mehr auslösen können, muss mit der nicht mehr vorhandenen relativen Sicherheit bezahlt werden.

Also kann in der Endabrechnung festgehalten werden, dass die einzigen, die aus der derzeitigen Situation einen wirklichen Nutzen und Vorteil ziehen können, Großkonzerne sind und eben auch Politiker, die durch die EU einen Posten erhielten, den sie im Normalfall nicht hätten.
Obwohl; sie wären sicher auch so nicht untergegangen.

Ich meine, dass man gar nicht so unfähig als Politiker sein kann, um nicht doch einen „Versorgungsposten" von der Partei oder Parteifreunden zugeschoben zu bekommen.

Das ist eben auch ein Unterschied zur privaten Wirtschaft.
Dort versucht man, Fachkräfte zu bekommen; in der Politik sucht man sich die Leute, von denen man sich einen guten Eindruck auf die Wählerschaft verspricht und die natürlich einen „Kadavergehorsam" gegenüber der Partei an den Tag legen. Heute auch gegenüber der EU.

22. Kapitel

Das voran stehende könnte natürlich einen Eindruck erwecken, der zwar stimmt, aber nicht auf emotionaler Ebene sondern durch - leider - Tatsachen begründet ist.
Es ist eben so, dass von den im Lande Lebenden, hauptsächlich mit Türken, bzw. den Jugendlichen dieses Volkes, die Probleme sind.
Durchaus möglich, dass es auch die Menge, der hier lebenden Türken ausmacht.

Hinzu kommt, dass es doch auch Probleme mit dem Glauben gibt.
In Anbetracht der Tatsache, dass Muslime glauben, die einzig wahre Religion zu haben und alle anderen Ungläubige sind; sich auch entsprechend benehmen, kommt es schon auch dadurch zu Provokationen.
Wenn man im eigenen Land schon sozusagen verfolgt wird, weil man nicht dem Islam angehört, ist das schon schlimm.
Der Kriminaltourismus kommt eben aus Ländern des ehemaligen Osten; wie z.B. Polen, Bulgarien, Rumänien, Ländern der ehemaligen Sowjetunion; allerdings auch aus dem ehemaligen Jugoslawien, sowie Tschechien und Slowakei.
Bei den Verbrechern der Länder, die ich vergessen habe, möchte ich mich dafür entschuldigen.

Österreich ist eben am Nähesten an diesen Ländern und deshalb natürlich das erste Ziel für Verbrecher aus besagten Gebieten.

Dass unsere Politiker ein übriges tun, um die einheimische Bevölkerung immer wieder zu benachteiligen, vor den Kopf zu stoßen, zu belügen und über unsere Köpfe hinweg wichtigste Entscheidungen treffen und Verträge abschließen, die nicht zu unserem Vorteil sind, trägt nicht dazu bei, mit der derzeitigen Lage und Situation zufrieden zu sein.

Wie schon des Öfteren erwähnt, ist hier eine ganze Partei tätig, es den „Ur-Österreichern" so schwer wie möglich zu machen; und davon abgesehen eben auch sehr viele links Gerichtete.

Immer wieder gingen Leute von diesen Gruppierungen ins Ausland, um dort lautstark, öffentlichkeits- und medienwirksam gegen Österreich und einige unliebsamen Politikern zu intrigieren.

Immer wieder gab es eine Schlammschlacht nicht nur im Lande; nein, sie wurde auch ins Ausland getragen.

Das ist sicher etwas einzigartiges und in anderen Ländern nicht üblich.

Aber diesen Leuten ist es offenbar egal, wie sehr sie dem Land und der Bevölkerung schaden.

Geht es nicht nach ihrem Willen und Kopf, wird herumgeschlagen.

Da ist jedes demokratische Recht verloren.

Egal, ob die Mehrheit der Bevölkerung für etwas
gestimmt hat; wenn es diesen Leuten nicht passt,
wird es bekämpft.
Allerdings wird von der anderen Seite – die meis-
tens eigentlich die Stärkere und Größere ist, verlangt, sich nach den Wünschen und oft absurden
Vorstellungen dieser Schwachsinnigen zu richten.
Das ist gelebte Demokratie, oder?
Eigentlich sind diese Typen nichts anderes als
Anarchisten.
Auch wenn etwas in demokratischer Wahl erfolgt
ist, wird es nicht akzeptiert.
Überall bestimmt die Mehrheit, auch wenn die
anderen damit nicht einverstanden sind.
Aber das ist ein demokratisches Recht, mit dem
diese Leute nur dann konform gehen, wenn es sich
mit ihren Ansichten deckt.

Dass viele Ausländer und Zuwanderer vor uns
keinen Respekt haben; auch nicht vor unserem
Glauben, darf einen nicht wundern.

Wird ihnen doch von politischer Seite klar gemacht, dass sie alle Rechte haben.
Des weiteren wird auch von Österreichern gezeigt,
wie sehr man sich hier über die Religion und deren Repräsentanten und praktisch Gründern, so
z.B. Jesus Christus, lustig machen kann und alles
dies betreffende in den Dreck - oder wie ein österreichischer „Künstler" es tut - ins Blut zu ziehen.

Dieser Typ wird als Künstler schon hoch gehandelt und seine „Kunstwerke" haben schon einen hohen Marktwert.

Er ist ein Aktionskünstler; was sich so zeigt, dass Unmengen von Blut verschüttet werden; seine Akteure nackt oder halbnackt herumtaumeln; Tiere getötet werden und er immer wieder Christus auf schlimmste verhöhnt und in den Dreck zieht.

Hier wird Abartigkeit und Perversion unter dem Deckmantel der Kunst ausgelebt.

Wer das nicht versteht ist eben zu blöd und primitiv dazu.

Ich würde meinen; die das nicht verstehen, haben noch Verständnis und Empfinden für wirkliche Kunst und kein Verlangen, Perversionen als solche vorgesetzt zu bekommen.

Ich möchte hier nicht näher auf diese Art Kunst und das Gebotene eingehen.

Nur soviel; für jeden normal empfindenden Menschen ist das nichts anderes als Ekel- und Übelkeit erregend.

Nichts desto trotz, wird dieser Typ von der Politik unseres Landes über alle Maßen hofiert.

Vermutlich möchte man zeigen, wie modern und aufgeschlossen man ist und obwohl das Gebotene krank ist, man alles versteht.

Da gibt's natürlich auch jede Menge Geld von Vater Staat.

Da wird auch das ehrwürdige Burgtheater - die
eigentlich ehrwürdigste und wahrscheinlich wichtigste Bühne des Landes - nicht verschont.

Dies alles und noch mehr, macht uns Österreicher
gegenüber der Situation und den Politikern - die
das alles ja mit zu verantworten haben - alles an-
dere als glücklich und zufrieden.
Leider ist der Österreicher auch ein bequemer
Mensch.
Wie schon festgestellt, muss ich-weiß-nicht-was-
noch-alles-passieren um diesen Österreicher zum
Handeln zu bewegen.
Außer die schon erwähnten Gruppierungen.
Selten bis nie wird eine Demo von den Rechten
oder gar den Konservativen gestartet.
Die versuchen ihre Vorstellungen und Wünsche in
Ruhe und demokratisch durchzubringen.
Nicht laut schreiend und demolierend; andere
Menschen und Rechte missachtend.

So geht unser Land, seine Bewohner und seine
erkämpfte Demokratie, die ehemalige Neutralität,
alle Rechte, alle Vorstellungen und Hoffnungen
für die Zukunft, unter.
Dies alles wird beerdigt.
Und die Totengräber des Ganzen, sind die von uns
gewählten Politiker.

Danke dafür!

Dass es unseren westlichen Nachbarn ähnlich ergeht, ist nicht wirklich tröstend.

Was die Kriminalität betrifft, wird uns von den Politikern und Verantwortlichen eingeredet, es sei das schlechteste, Einbrechern mit Gewalt zu begegnen. Obwohl das sicher das einzige Mittel ist, dass sie verstehen würden.
Sobald einige Einbrecher erschossen sind, würden es sich die anderen eher überlegen, weiter - besonders in Wohnungen und Häuser, in denen sich zum Zeitpunkt des Einbruches wer aufhält - einzudringen.

Aber das wollen die zuständigen Leute ja nicht. Macht doch lieber noch eine sinnlose Alarmanlage, die zwar nichts bringt aber die Wirtschaft belebt.
Und die Verbrecher haben sehr schnell heraus, wie sie diese ausschalten können und dann ohne viel Aufhebens mit ihrer Beute - oder vielleicht in dem sie kurz die Bewohner zusammengeschlagen oder umgebracht haben – über die offenen Grenzen wieder zu verschwinden.

Außerdem möchte die EU Waffen in privaten Haushalten sowieso verbieten.
Waffen dürfen nur Verbrecher haben!

25. Kapitel

Es wäre schön, wenn endlich eine positive Bewe-
gung in die Sache kommt.
Wenn die Politiker, die uns immer wieder belogen
und uns hintergangen haben, endlich und nachhal-
tig von der Bildfläche verschwinden.
Wenn sie vom Wähler die einzige Rechnung, die
der Bürger ihnen ausstellen kann, bekämen.
Wenn die Zuwanderer endlich ihr leider zu oft
vorgetragenes überhebliches und präpotentes Gehabe unterließen und sich einmal vor Augen führen würden, wie es wäre, wenn sich „Invasoren"
bei ihnen so benehmen würden.
Dass man nicht immer nur fordern kann ohne
auch zugeben.
Dass nicht verlangt werden kann, eine Religion zu
akzeptieren, wenn man selber es umgekehrt nicht
tut.
Niemand kann und darf sich so erhaben über den
Anderen fühlen, dass er glaubt, notfalls mit Gewalt seine Vorstellungen durchsetzen zu können
und dürfen.

Es wäre auch hoch an der Zeit, wenn Länder, die
eben erst jetzt einen wirtschaftlichen Aufschwung
nehmen, sich trotzdem vor Augen hielten, dass sie
das Erreichte nicht lange genießen werden können, wenn sie die Erde, auf der wir alle leben,
vernichten.

Ebenso ratsam wäre es, wenn sich manche Staats-
Oberhäupter nicht so wichtig nehmen würden -
trotzdem sie einem großen und mächtigem Land
vorstehen - und nicht glauben, deshalb könnte
man sich über alle anderen hinwegsetzen und nur
das eigene Gesetz gelten lassen.

Wie viel schöner wäre doch ein Leben, wenn man
nicht ständig Schreckensszenarien vorgeführt bekäme und man sich fragen muss, ob unsere Nach-
fahren überhaupt noch einen blauen Planeten haben werden, um darauf zu leben.

Sicher ist dazu viel Arbeit nötig.
Viel zu lernen.
Auch einsichtig und manchmal nachgiebig zu
sein.
Es gibt leider allzu viel dumme und bornierte
Menschen in allen Bevölkerungen und Schichten.

Aber vielleicht passiert ja noch das Wunder der
Bekehrung zu einem gemeinsamen einsichtigen
weil nur einzig möglichen „Glauben".

Wie heißt es doch? Die Hoffnung stirbt zuletzt.

NACHWORT

Vielen wird das Ganze wie ein ewiges Hinschlagen auf bestimmte Menschen- und Parteien bzw. ethnische Gruppierungen erscheinen.
Tatsächlich ist, dass in unseren Landen die Probleme durch falsche Politik von besonders den oft genannten Parteien und deren Sympathisanten entstehen.
Weiters von eben bestimmten Völkern, die scheinbar um nichts in der Welt in ihren eigentlichen Gastländern, sich einfügen und in Frieden mit der dortigen Bevölkerung, leben können oder wollen.

Man kann zwar bei der Menge von Zuwanderern nicht mehr von einer kleinen Gruppe sprechen, aber die Parteigruppierungen sind nicht sonderlich groß.
Trotzdem schreien und fordern sie am meisten und lautesten und das meiste von ihren Wünschen und Forderungen ist Müll.
Bar jedes Realitätsverständnisses versuchen sie nur - und das um jeden Preis - ihre Vorstellungen durchzusetzen.

Die Politiker als solches sind sowieso ein eigenes Kapitel.
Dies allerdings nicht nur bei uns, sondern überall auf der Welt.

Es ist sicher schade, dass das vorstehende überhaupt erwähnt werden muss.
Leider ist die Situation heute in vielen Ländern durch den ungehemmten Zustrom von Asylanten oder Ausländern – heute auch aus EU-Staaten ein Problem, dass entgegen der Meinung der Politiker und einiger anderer, die Bewohner der betreffenden Länder stark berührt.

Statistisch ist nachgewiesen, dass im Schnitt in Österreich, ein viel größerer Prozentsatz an Ausländern pro Kopf der Bevölkerung anfällt, als es z.B. in Deutschland der Fall ist.
Das früher typische Aus- bzw. Einwanderungsland USA liegt hier überhaupt ganz weit hinten.

Um besonders in Österreich, ein geordnetes Weiterleben bzw. ein Miteinander zu gewährleisten, müssten sich die Politiker aber auch die Zuwanderer, stark bemühen, eine weitgehende Änderung der momentanen Zustände einzuleiten.

Die Österreicher haben seit Jahrzehnten ihren Teil zur Aufnahme von Einwanderern beigetragen. Aber jetzt ist es an den vorher Genannten, auch etwas zu tun.

VORWORT Seite 3
Kapitel 1 5
2 6
3 9
4 15
5 21
6 26
7 31
8 37
9 42
10 44
11 51
12 58
13 62
14 81
15 86
16 98
17 100
18 104
19 109
20 116
21 123
22 127
23 136
24 140
25 146
NACHWORT 148